好書大展

社會人智囊

35

自我介紹與社交禮儀

柯素娥／編著

大展出版社有限公司

序　言

在電視上曾看見如此的劇情：

在美國的某個家庭裏，母親對正在歡渡五歲的女兒說：

「在大家的面前，說說看五歲的妳有什麼感覺？」

對於美國人從小便接受如何表現自己的訓練，在場的外國人似乎都感到十分驚訝！

在美國，父母們很早便開始讓孩子學習獨立，即使親如父子，也都視爲單獨的個體存在著，保持相當的距離，雖然父母有時會主動問候，而孩子也不斷地被督促用適當的言詞來表現自己。

而在亞洲，雖然父母與孩子也是不同的個體，不過，同屬於一個團體的意識卻非常強烈，自己與別人的界線曖昧不明，自然也不熱衷於以語言來表現自我了。因此，積極表現自我的人常使人誤認爲「愛出風頭」，而對其敬而遠之。換句話說，多數人都認爲保守及謙讓才是美德。

目前的經濟發達，不斷邁向國際化發展，年輕人開始選擇自我的生活方式，目前已可說是「個性化的時代」。在個性化的進展過程中，如果與每個獨立的人彼此無法表達自我，便無法進行良好的溝通，而人際關係也因而無法擴展。

但是，今日的年輕人是否仍存有謙讓的精神？他們為何不希望能清楚地表達自己呢？

原因之一，在於如果自己表現得不好，容易給別人帶來麻煩，另一個原因則是，不願傷害自己的心理在作祟。不過，自我介紹與寒暄問候並非畫蛇添足。人們用謙讓的美德來掩飾保守的個性，省略必要的自我介紹及問候，如此一來，從長遠的眼光來看，結果仍然是自己的損失。

謙讓之所以不可取，在於會對對方撒嬌，而且也學會了逃避自己所說的話產生的後果，推卸責任。

目前的社會大致說來，年長者有豐富的人生經驗，而年輕人則富於感性。如果能在自我介紹及應對禮節上做好充分的準備，而且有新鮮的話題，這便是自我表現的出發點，久而久之，陰鬱的人際關係便可如梅雨初開般全部煙消霧散。本書執筆的目的即在於此。

因此，本書以商場為中心擴展到日常生活的層面，列舉出面臨必須自我介紹及寒暄應對的場面時，應該如何表現，才能做得既輕鬆又漂亮。本書中儘量減少說理的部份，代之以實例。各種場合應有什麼樣的表現，都必定舉出實例，並且以建議的方式註明例子的著眼點，相信都可以做爲讀者說話的參考。

此外，文中舉出許多自我介紹應對的型式，無論用詞、禮儀，而只能從輕鬆表現自己的觀點來選擇實例。溝通時的重點在於坦率，因爲誠心的態度及言詞，可以加深與別人的交往關係。

本書各個章節都是獨立的，你可以任意選擇其中一章，但是，最好能自己感興趣且覺得最需要的部份開始閱讀。不過，筆者寫作的初衷便是將它視爲完整的一本書來寫，因此，即使從頭閱讀也不會麻煩。但願在你讀完它之後，能對你有所助益！

目錄

第二章　應對禮節的各種用語

第三章　各種場合的自我介紹

第四章　正式場合的致詞

第五章　婚喪喜慶的應對禮節

第六章　與親友鄰居之間的問候語

第七章　電話中的自我介紹及應對禮節

前　言

■爽朗正確的應對

人生是由許多的邂逅所串連而成的。何時、何地我們會有什麼樣的邂逅，誰也無法預料。然而，卻有不少人平白浪費了這許多機會。

前些日子，我在飛機上遇見了以前巨人隊的投手江川卓先生。當時，一個商人模樣的中年男子走近他說道：

「是江川先生吧？我是某某某。」一面說著，一面遞上名片。

他充分利用了在飛機上的巧遇，不僅把握住時機，而且，表現出得體的爽朗笑容，讓人留下了深刻的印象。

不過，此種情形僅是少數，多半的東方人對於如此的自我介紹及應付方法都感到很棘手。某次，我有位任教於大學的朋友在火車上有幸與某位著名的棋士並肩而坐，而他竟爲了「該不該與這位棋士打招呼」一事，猶豫了三十分鐘之久。一個年逾五十的大學教授竟也如此靦腆，令人訝異。

在今日社會急劇變化的時代裏，人與人之間的關係更爲頻繁，因此藉著自我介紹及應對禮節使人留下良好的印象，絕對有其必要。

以往，我們可以看到在舞會的現場，總是三五好友聚在一起閒聊，鮮少走動，即使是擦肩摩踵，兩位緊鄰而立，如果彼此互不相識，便不理睬對方，這種情形至今依然未變。

正因如此，即使是參加一個萬人舞會，我們也可能交不到一個新朋友。只是一味煩惱、畏懼而不採取主動的人，永遠也無法拓展自己的世界，增廣自己的見識。

首先，自己應該先主動開口，此時，最好能帶些「表演」的心情。所謂表演，便是要能吸引別人的注意，努力贏得別人的好感。

試著做做看，如何做才能使對方有「感覺很好」、「想再見」等感覺。

■一句話便能吸引人

大約在一個月前，ＮＨＫ的一位新聞記者訪問了我。在交換名片，自我介紹之後，他說了一句話，使人印象極為深刻：「要訪問您這位專門教導技巧的老師，我好緊張。」他的話不但誠實地流露出自己的心情，也讓人心中愉悅不已。

雖然只是一句寒暄的話，如果使用得當，便能拉近人與人之間的距離。事實上，接受訪問的我也很緊張，而這一句話正好紓解我們彼此緊張的情結，緩和了整個氣氛。在做完訪問的第三天，我收到了他的致謝函。進入ＮＨＫ不過三年的他，留給我年輕而誠懇的良好印象。

一位在公司擔任練習生的業務員，爲了邀請一位名師前來演講，特地到他的辦公室拜訪。雖然對方是一位赫赫有名的大人物，但是聽說他待人不夠友善，因此，擔任練習生的他感到非常困惑，不知道該如何向對方開口，一直到辦公室門口，他仍然十分緊張，在沒有好主意的情況下，他打算還是一如往常地說聲：「對不起，打擾您了。」便開門進去。

當他一打開門，首先映入他眼簾的是一幅掛在牆壁上的畫。那是一幅好畫，致使原本對繪畫便有興趣的他不加思索便脫口而出：

「這幅畫好美！」

那幅畫是那位老師非常喜愛的作品，而且還是費了一番功夫才得到的，他的一句話自然格外地令老師感到高興。

「你也喜歡畫嗎？這幅畫是……」說著說著，老師很愉快地聊起來，對他的印象也十分良好，當然對演講一事也爽快地答應了。

其實自我介紹與寒暄應對都不是一件難事。不論是坦率地介紹自己，或是談論對方所關心的話題，只要能不畏懼退縮，放大膽子去說，便必定能吸引住對方。

■公開場合中的自我介紹

大部分不擅言詞的人，都是因爲無法面對衆人說話，所以感到窮於應付。一場由「說話技巧研習會」所舉辦的「說話技巧講座」，其參加者的動機也是「希望能在公開場合應對得體」、「希望能在衆人面前說話流利」兩者居多。

在衆人面前的自我介紹及應對禮節，雖然有先後的程序及有效的表現方式，但是，大部分的東方人卻少有機會接受這樣的訓練。相反地，在歐美各地的學校教育中便有「公開演說」的課程，大家從學生時代起便接受訓練，他們的表現理所當然也遠較我們優異。

不過，我們在逐步邁向國際化的今日，在各種場合面對大衆做自我介紹的機會也相形增加，因此，在公開場合所做的自我介紹是否很好，便決定了一個人的評價。即使是一國元首在公開場合發表的演說，只要稍有瑕疵，也往往會遭受到許多嚴厲的批評。諸如「中曾根首相的演說雖然明白清楚，但卻不能引起共鳴！」或「竹下首相的演講雖然口齒清晰，卻意思不明，欠缺指導性。」

以前有一本書分析了甘迺迪之後歷屆美國總統的演說情形。從這本書裏便可以看出美國總統們對於自己的演講是如何下功夫準備，因爲美國國民都是以此而下評斷的。

但是，這種評斷並不侷限於總統或總理。每一個商人在大衆面前的自我介紹都是別人給予評價的依據。因此，每個人都應該對這些事有所警覺。我有一位朋友，他在升任管理課長時發表的感想，便表現得很恰當。

「有一次，我們跟董事長一起聚會時，一位課長站起來做介紹，可是他談話的內容卻雜亂無章，不知所云。事後，聽說董事長曾詢問財務經理：『他已經升到經理的職位，卻還沒有辦法應付那樣的場面嗎？』可想而知，那位經理的評價從此一落千丈。在此，我要說的是，儘管你是位年輕的職員，但是，往後一定會有機會接受這樣的考驗，所以，你現在就應該好好地磨練自己，做到能從容面對大衆的程度。」

■展現自我的介紹

自我介紹說起來簡單，但因爲要介紹的是我自己，而不是介紹別人，反而有其困難的一面。

過分謙虛，怕別人沒有印象；過分誇張，又缺乏親和力，自我介紹看來雖然簡單，但是若要做到「與衆不同」、「簡單明瞭」，便不是那麼容易了。

具體的方法我們在下一場會做說明，不過，簡單地說，自我介紹表現自己的魅力，也就是自我推銷的方法。

我的內容與個性化的作品是自我推銷的原動力，所以個人的優點及個性應該從平日便開始培養及訓練。

一旦被別人問及：「你是個怎樣的人？」你應該能立刻明確地回答：「我便是這樣的一個人。」這才是合乎現代的自我介紹法。

因此，第一點需確立自己的身份。相對地，便是要藉著自我介紹而永遠保持追求自我理想的態度。

其次是要讓別人對自己有平易近人的感覺。過分突出往往容易產生不協調的感覺，會有負面的評價。為了要給對方留下好印象，為了要推銷自己，便必須清楚瞭解如何做一個成功的自我介紹。

今後的社會，人與人之間的關係日趨重要，而自我介紹與社交禮節都是製造人際關係的開始，是否能在出發點上便讓人留下深刻的印象，無論對工作或對人生，這都是一個不容忽視的課題。豐富的人生，其根本可說便在於良好的自我介紹及社交禮節。

第一章　或許你也曾被取笑過

①失敗的自我介紹

某家公司在飯店舉辦聚餐，那是一個自助餐會，氣氛相當熱絡。會中安排了新進公司的應屆畢業生一一上台做自我介紹，或許他們都還算是個學生，鮮少人能眞正做好自我介紹。

其中尤其令人擔心的是，幾乎沒有一個人能做到抬頭挺胸、雙腳併攏這些正確的姿勢。鞠完躬便傾斜著身體，一面說話一面還要左右晃動，兩隻腳還交替地互換著，看到這些情形，坐在我身邊的常務董事不禁苦笑著嘆息道：

「這樣像是個大學畢業生嗎？一點也不穩重，一副靠不住的樣子。」

不過，那些新進職員對於常務董事的苦笑似乎一點也不在意，因爲那些做自我介紹的新人就在旁邊，於是我試著過去問他們。

「你們對於這樣的自我介紹感到很棘手嗎？」

「嗯！很傷腦筋，不過就算自己講得不好也不在乎。」

「什麼！」我差點叫了出來。你自己不在乎，別人可是會大大在乎啊！

他們完全沒想到這點，只用一副無所謂的模樣說「自己並不在意」這種模樣實在令人擔憂。

在公開場合的自我介紹或寒暄應對如果做得不好，無形中你會被人瞧不起，而且如果是代表公司時，甚至會毀損公司的形象。

以下我們一面列舉在公開場合演說常見的錯誤，一面對自我介紹及寒暄應對做進一步的認識。

②毫無準備的情況下上台時該怎麼辦？

A代表上司參加聚會。因爲是先前已說好：「只需代表我露面即可。」於是A便輕鬆赴會，不料卻突然被邀請：「上台說句話好嗎？」A一下子什麼話也說不出來了。

B參加同事的婚禮，事前已問過好多次：「不用致詞吧！」對方也肯定地告訴他：「不用。」所以B很放心地出席了，可是司儀卻藉口要我上台：「預定致詞的人沒來，請您務必上台說兩句。」B雖然事前已叮嚀過多次，但是遇到這種突發狀況，還是沒辦法拒絕。

這些雖然都是常見的例子。即使有準備的人也未必可以說得很好，何況是完全沒有準備的情況下，在會場上結結巴巴地說：

「唔……因爲突然被請上台，這個嘛……怎麼說好呢，就是……。」

像這樣語無倫次，不但使人感到很尷尬，而且也在衆人面前出盡洋相，丟盡了臉。正因爲這是常見的情形，所以我們更應該多加關心。

因此，首先我們必須注意的是，出席任何會議或晚宴時，雖然無法預知自己是否會被邀請上台致詞，但是我們仍必須事前有上台的心理準備，做好應變的工作。

如果能夠事先做好準備，儘管突然被邀請上台，也能從容不迫，如此一來，聽衆也必定會對當事者的應變能力及沈著的態度感到佩服。此外，縱然準備的東西沒派上用場，但是這種準備工夫一旦養成習慣，還可以訓練自己整理思緒，久而久之，自然便能培養出歸納整理的能力了。

其次，即使遇到了這種突發的狀況，也要表現出從容的態度，抬頭挺胸、精神抖擻地向大家問候，先將自己的立場、姓名介紹一次。

「恭喜新郎、新娘，我叫吳井清，目前服務大展企業公司，就是剛剛介紹過的新郎的公

司，我和他是同一課的同事，請多多指教！」

慢慢地、清楚地介紹完這些後，你的心也會隨之逐漸穩定下來。心情穩定之後，自然能把話接下去。這是用自己的話來刺激自己的腦袋，而想出致詞內容的方法。如果自己什麼都想不出來，只要能夠鎮定，或許也可以從其他人的口中找到一、兩則內容加以發揮，這也是應變的方法之一。

③自我介紹的內容與前者相同時

在輪流自我介紹的場合上，第一個上台的人，往往容易因爲還無法掌握情況而緊張不分，如此自然無法做好自我介紹。相對地，後面的人因爲已瞭解了狀況，熟悉了氣氛，做起自我介紹自然也比前者得心應手。但是，令人苦惱的是，自己所準備的內容被人捷足先登說完了，雖然還不致於大叫：「等等，這是我要講的，你不能講？」其實內心眞的有股想加以阻止的衝動。事實上像這樣的例子，在結婚典禮上、會議席上等各種場合，經常可以看到。

曾經在電視上看到這樣的畫面——

男主角所準備的內容與前面說話的人大同小異，而前者已經全部說完了，結果男主角站起來輪到他說話時，只是一直冒著冷汗，一句話也說不出來。

在工作上也是如此，若沒有十足的把握，最好多準備二、三項報告，以防萬一。如果是在重要場合上的自我介紹或應付禮節，準備兩種內容也是應變的方法之一，這種以防萬一的準備便稱爲「假設計劃」。

但是，像這種例子因爲沒有準備「假設計劃」，所以很難有得體的表現，此時千萬不要慌張也不要灰心。

「我是李雅文，和剛剛自我介紹的田先生在同一家公司工作。剛剛田先生已經介紹過公司的大致情形，在此我再做一些補充。」

李小姐本來打算對自己的工作做個介紹，卻因爲前面同公司的人已介紹，所以他稍微改變了一下內容，很成功地做完自我介紹。

反過來說，如果李小姐此時說：

「前面的人都已經說過了，我沒什麼可以說的。」

如此一來，很可能導致整個會場氣氛僵化而冷淡下來，這是很不高明的一種做法。

④事先準備的說詞與現場氣氛不符時

張先生是某建築公司OA推展課的中堅職員，爲了推展分店的辦公室自動化，他必須經常與分店的推展委員碰面，商討事宜。

某日，分店的有關人員齊聚一堂，張先生預定在做過簡介後，便由各推展委員提出具體的說明。

由於張先生與委員們已經見過九次面，所以他認爲分店的準備工作應已無問題，而且他認爲業務上的OA化是公司基本方針之一，身爲總公司的工作人員應有如此的共識，因此他決定省掉客套話而以構想內容來取代，準備好了大致內容，他便走向會議室。

此時，會議室內已集合了約二十人，但不知何故卻出奇的安靜，氣氛十分凝重，張先生對著熟識的幾個人微笑，得到的卻只是冷淡的表情，毫無反應，每個人的態度都明顯表現出對OA化的排斥。

〔現場氣氛改變〕

然而，臨時要更換講稿內容並不是一件容易的事。結果張先生仍然以公司的方針爲中心，依原先準備的內容致詞。

但是，因爲受到周遭氣氛的影響，張先生的講詞也變得僵硬而缺乏通融性。

一個星期之後，課長給了他暗示性的提醒：

「關於ＯＡ化的計劃，你不要過於小題大作。」

後來張先生才明瞭，分公司的人決定，如果總公司的人一點表示也沒有，他們就不會理會張先生的致詞。

準備雖然重要，可是如果過於依賴準備好的內容，問候的語句很可能便成爲單方面的致詞，因此具有彈性，機動性地改變自己的問候方式，以符合現場氣氛。

張先生記取失敗的教訓，往後對於類似場合的寒暄應對便懂得多加留心注意。

這個例子的主旨在於，不要將總公司的方針視爲絕對，應說出ＯＡ化對分公司的業務有什麼樣的幫助，因此伸出援手是總公司工作人員的責任，如此強調出對方優點才容易讓人接受。

⑤如何爲介紹做結束

雖然想用簡短的話將話結束，但卻因話題岔開而顯得拉拉雜雜，毫無重點。雖想儘快下結論，卻不知如何結束才好。

你是否也有以上的經驗？在「說話技巧講座」會上，要求參加者做三分鐘的自我介紹，而大部分的回答竟是「沒辦法講到三分鐘」。既然如此，只好讓大家做一分鐘的介紹。但是，一站到台上，大部份的人根本無法在一分鐘內做完介紹。而那些回答不能講完三分鐘的人，竟講了將近五分鐘的時間。這是我們常見的情形。

自我介紹完之後告訴他時間，連自己都驚訝地叫道：「什麼，我這麼會說嗎？」一開口便談天說地的講個不停，時間也不斷流逝，結果自然超過三分鐘了。

這種場合究竟應該如何做呢？

首先需注意，「想簡單幾句便結束談話內容並非易事」，公開場合的自我介紹或演說與平常的閒聊並不相同，不能想到什麼便說什麼，這樣很容易造成無法收拾的下場。

其次，要將自己想說的內容用一句話記起來。自我介紹時也應在介紹完姓名之後，簡單地整理好自己想說的內容。明確抓住想說的主題是做好一個有條理的演說的訣竅。

最後，如果話題偏離而感到無法控制場面時，可用「對了」、「此外」等連接詞來做轉折，然後舉出自己最想說的要點。

「我想說明的一點是……。」

藉此便可以做個簡單的整理。不要拘泥於細節，把握住重點做好結論即可。

⑥已經開始說話卻沒人理睬

雖然有時已經站在大眾面前開了口便無法停止說話而保持沈默，繼續演說又被大家當做傻瓜，結果，演說者的聲音變得愈來愈尖銳，汗也不停地流下。這種場面只會使人弄得進退兩難，處境十分尷尬。

只要有過這種經驗的人，對於演講一事恐怕從此都敬而遠之，甚至感到恐懼，這種情況應該如何是好呢？

首先，在此種情況下，上台根本無法與聽眾做深入的溝通，所以，不妨先打起精神向大家問好，然後沈默三秒鐘。這個空檔不但使大家對說話者產生注意力，同時也能重新調整自己的情緒。

其次，試著回想自己說話的聲調是不是含混而低沈，內容是不是模糊不清？如果是的話，便具體指出時間、地點、人物、內容，談話內容具體的演說比較容易吸引聽衆，能引起衆人的注意。

最後，聽衆中即使有許多人不理睬演說者，但其中必定會有一、兩個認眞在聽。你可以尋找這樣的人對著他說話，如此不但能穩定自己的心情；其他人會逐漸注意到而成爲眞正的聽衆。

無論如何說話不能只說一半而中途放棄，如果失敗了很可能使心理上造成一種傷害，留下後遺症，同時也可能留給別人負面的影響。

⑦因怯場而忘詞時

大部分對於在公開場合做自我介紹感到煩惱的人，多半是因爲容易怯場，但是，一旦站在衆人面前表現自己，緊張也是在所難免的。

問題是怯場容易導致緊張，因而發生下列情形：

1. 頭腦一片空白，語句雜亂無章。

2.忘詞而進退兩難。

事實上，人類對於「怯場」的感覺，往往是實際情況的數倍之多，也就是說，人們「膨脹」了怯場的嚴重程度，掉入自己所假設的恐怖陷阱中，以致在重要的場合中頻頻出錯，引人笑柄。

雖然有人說：「我緊張得腳像在敲鑼一般，不停地發抖著。」其實，根本沒有人會抖到這麼厲害的地步。這是因爲感覺緊張的程度，遠超過實際緊張的程度。因此許多人都覺得別人看來很鎮定，只有自己特別緊張。

每個人都會怯場，但因爲擔心「怯場時怎麼辦？」、「失敗的話就不妙了。」更增添了幾分緊張。

因此，遇到怯場時便參照下列三點，以放鬆緊張的心情：

1. **緊張的程度只有自己所感覺的三分之一而已。**
2. **坦然接受緊張的事實。**
3. **做個深呼吸，將意識集中在介紹的內容上。**

話雖如此，但適度的緊張卻是演講時所不可或缺的條件，如果毫不緊張，反而讓別人有驕傲自滿的感覺，而留下不好的印象。

永遠都有新奇的介紹方式及應對禮節的人，都是在不形成壓力的程度下保有緊張的感覺。

專欄——傷腦筋時間①

■迎面而來的人，明明認識他，卻怎麼也想不出對方的姓名。■

在車站或火車中，突然遇到了以前的朋友，雖然彼此打過招呼，卻想不出對方的姓名、在哪兒認識的？像這樣的尷尬場面，大家都應該遇到過吧！

遇到這種情形，只好一面與對方寒暄，一面回想有關他的一切，也許這是應變的方法之一，但卻不是長久之計。另一種方法便是誠懇地表示歉意，然後請教對方的大名。

「好久不見，您好。我是口才訓練班的鄭天才，很抱歉，請問您是……。」

等對方介紹完後，再次致上歉意非常重要。

「啊！我想起來了，眞是不好意思。」如果沒有好好做到這一點，很可能會破壞氣氛而弄得無法收拾。因此，這個方法最好是因人而異。

同樣請教姓名，也可以不用直接詢問的方法，而採取反問法：

「你不是以前在台北見過的林先生嗎？」

像這樣的問法，即使有錯，對方也一定會以爲這是個誤會而自動報出姓名，委轉地予以否定：「不，我是陳志雄，以前我們都在優美公司上班，你忘了啊？」

這可說是「將計就計」，總之，只要多用點心，任何場面你一定都能應付自如。

第二章　應對禮節的各種用語

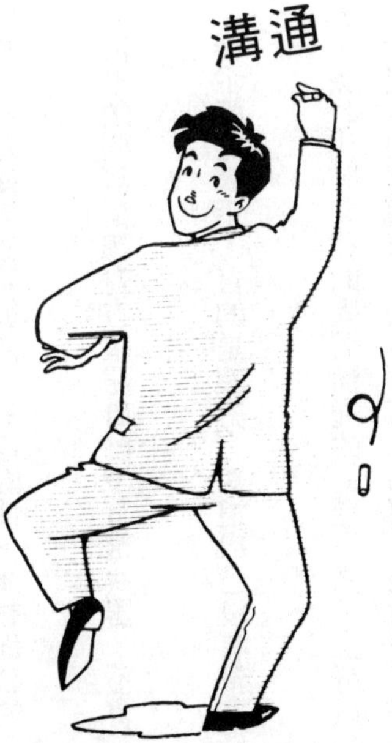

①應對禮節反應文化歷史

近年來的在新進職員的研習會上，寒暄問候及應對進退的科目也出現在對大學畢業的一般營業員所實施的訓練。由此我們可以知道，問候的禮節，在商場上絕對是必要的一環。但是，反過來說，在工作以外的場合，因工作而認識的人反而不打招呼，或者認爲沒有打招呼的必要，這似乎也已經成爲一種趨勢。

打招呼這件事原本並不是得失損益的問題，而是雙方確定彼此不具危險性，開誠佈公的一種重要「儀式」。

佛教信徒在神明面前拍手再合掌禮拜，便是敞開胸懷讓對方確認自己沒有帶武器，不會傷害對方的意思。

西歐國家的人一見面便握手，這也是一種示好的表示，目的是讓對方知道自己沒有帶武器，能放心地與我們做朋友。

因此，我們知道招呼問候的習慣，代表了該時代該文化的人們溝通的一種方式，也可以說是一種標幟。以下列舉幾個例子讓我們看看現代的溝通方式又是如何？如何才能做得更好？

「啊，好久不見了……」

做完一天的工作，四個男人聚在一起。雖然四個人是同時進入公司，不過因爲調職等原因，四個人很難得有時間聚在一起，暢談一番。

「好久不見了，好像沒什麼變嘛！」

大家一邊說著，一邊走到車站附近的酒吧。坐定之後才剛拿出毛巾，一位女服務員滿臉笑容走過來說：

「哎啊！好久不見了……」

四個人莫名其妙地互看著。明明是第一次光臨這家店，她爲何如此說呢？是不是在什麼地方曾經見過？

「對不起，我們什麼時候見過？實在記不起來。」

「喔！對不起，好久不見只是我的口頭禪而已。」

四個人聽罷，不禁對自己的過於認眞露出苦笑的表情。

寒暄的用語、時機、方法等等已隨著時代逐漸在改變。

因爲打招呼是溝通中最首要的工作，因此需表現得平和，況且在忙碌的現代，打招呼的方式自然也與以往不同了。

在服務業界，由於正熱烈討論「如何在短時間使客人開心」的問題，因此剛剛的女服務員所使用的打招呼方式，或許正是走在時代前端的先驅呢？

〔對不起，請多保重〕

許多人時常將「對不起」掛在嘴邊。訪問別人時說：「對不起，打擾了。」離開聚會時也說：「對不起，我先走了。」這雖是很常用的一句話，但是卻無法令人感受到它的積極性。國人的生活方式及需要逐漸走向個性化，因此也逐漸希望擁有自己的一片天地，不喜歡別人隨便闖入自己的生活領域，同時自己也不去干涉別人，或許是這種意識表現的結果。

雖然社會表現上看起來是在逐漸成熟當中，但是，事實果眞如此嗎？毫不客氣地無視於別人的麻煩，不願伸出援手，這是多數現代的寫照，雖然多管閒事有時令人討厭，但是「只要自己好就好」的心態，也被認爲是放棄了一些有意義的機會，使人與人之間的距離更加遙遠。

一位在德國待了好幾年的年輕媽媽帶著孩子回到日本，抵達成田機場時她發現人潮擁擠，根本動彈不得，面對小孩、大型行李箱及嬰兒用品，她開始感到驚慌，手足無措的她，看著週遭的同胞，未料他們竟以視而不見的態度或怕麻煩的樣子看看她，然後走過去。

離開德國時，有人幫忙提行李，有人幫忙推嬰兒車，所以她輕鬆地上了飛機，沒想到自己的同胞竟然……

懷念的祖國竟變得如此令人討厭。日本人是多麼缺乏體貼而且令人厭惡的民族，正因如此，日本才會與外國發生經濟摩擦，受到排斥。

謝謝
沒關係，我可以拿
微笑
啊！要不要我幫忙！
真爽快

日本報紙上曾登載過不少類似上述事件的投書，大部份是日本人的心聲。而到日本來居住的外國人也指出好多次，希望日本人能有這樣自然的問候語句：

「May I help you?」

外國人建議日本人，應適時、爽快地給予別人幫助。

筆者前往松本時，曾發生這麼一段小插曲。當時我搭乘火車，旁邊坐了一位六十歲左右的婦人。

「今年雪下得好少，天氣溫暖是不錯，不過，滑雪場可麻煩了。」

我們互相交談著，很愉快地渡過火車上的時光。到了松本，我們一起下車，分手時她對我說：

「那麼，告辭了，請多保重。」然後離去。

保重也是應對的一種，包括健康、平安、小心等意思。其回答也是：

「謝謝？您也保重。」

聽到這句已經少有人使用的話，覺得非常懷念，更不禁令人想念起以前的日本，到處都可以聽到、看到這麼好的寒暄語句及習慣。

〔不用了〕

當你看到別人拿著大包小包的東西，好心的問：「要我幫忙拿嗎？」可是對方卻無禮的回答：「不，不用了。」聽到這種話，任誰都會生氣吧。東方人實在拙於拒絕，明明是不想麻煩別人的意思，卻變成嚴詞拒絕別人的好意。明明很樂意卻又客氣的拒絕，毫無坦率表現自己感情的彈性。對於別人的招呼，能夠立刻回以笑容的東方人實不多見。

當我們以嚴肅的表情說「不用了」時，會讓對方聽起來覺得自己似乎太多管閒事了，而且，心裏一定也生著悶氣：「哼，好心問你竟然如此回答。」

這種惡性循環，或許可以說是產生今日大家「視而不見」情形的原因吧！

因此，如果能帶著微笑說：「謝謝，我還可以。」這麼一來，即使被拒絕了心裏也不會有「疙瘩」的。

也許因爲客氣，只說「不用了」便以爲是有禮貌的表示，輕易拒絕別人，這種情形反而會破壞了人際關係。

所謂「慇勤無禮」，便是指只有形式上保持禮貌但卻毫無誠意，這種情形會妨礙到人與人之間彼此的溝通，應多加注意。

拒絕的應對，似乎是今後交往的關鍵，如何做到「溫柔的拒絕」，才是最高的藝術。

②自我介紹及應對禮節應注意的事項

如前面所述，隨著時代潮流的轉變，自我介紹的形式及語句也隨之改變，現在的人們，即使著眼於最原始的目的——積極的溝通，似乎也不再那麼誠懇了。

但是，國人原本具有的溫柔及禮貌，隨著資訊的發展，以及與社會廣泛的接觸，應該具備更多的禮節才是。

因此，爲了能率眞地表現出自己的禮貌，將今後應注意的事項歸結如下：

(1)需有「每個人都有不同的存在價値」的觀念，自動去瞭解別人的立場，尊重對方。

(2)從溫馨的一面談起。

(3)與人初次見面後，決定今後是否繼續交往的關鍵在於應對禮節上，這是一個重要的基本觀念。

(4)婉拒別人的要求必須要有技巧，從感謝的詞句；如謝謝等做開端。

(5)不要拘泥在無關緊要的字句上，能肯定接受對方的態度，可以爲自己塑造一個明朗而有親和力的形象。

③寒暄問候的眞意

打招呼與自我介紹，其目的都在於拓展自己本身的人際關係。

自私任性、自我陶醉的性格，會阻礙人際關係的發展，並且也不受歡迎。

的確，問候並不需限於言語上，但是，要讓別人產生好感，便必須在表現上多下功夫。爲了有良好的表現而受歡迎、受信任，所需注意的重點有很多。其中我認爲最重要的便是「寒暄問候的眞義」，也就是下列四點：

(1)明朗、爽快
(2)隨時
(3)採取主動
(4)接續後面的談話

(1)明朗、爽快

所謂明朗、爽快，便是使對方安心。

明朗的聲音與表情，炯炯有神的眼神，乾淨俐落的動作都是贏得別人好感的個人特質。如果對方也能有相同的回應，那麼彼此便都能坦然地繼續談話。相反地，如果對方回應的是陰沈而緩慢的語調，不僅給人的印象大打折扣，同時也會令人懷疑：「他眞的不要緊嗎？」、「有沒有問題？」

此外，明朗還必須包括良好的感覺及公平性。分蛋糕給小朋友時，如果以沮喪的心情來分配，似乎很容易擔心孩子們會互相比較。相反地，如果以爽朗的表情說：「來，小青給大塊的。」孩子也微笑的回答：「喔！謝謝？」

⑵隨　時

隨時記住明朗的問候。這一點並不容易做到，但無論何時都要控制自己的感情，保持在一定的狀況，尤其在心情不佳及身體不舒服時，更應特別注意。

方法之一，應在平日訓練能在短時間內改變自己的情緒。不要抱怨做不到這件事，試著以下列幾種方法來改變自己的心情：

⑴回想快樂的事情。

⑵想像美食的滋味。

⑶試著面對鏡子唸「威士忌」，以練習微笑。

⑷想一些美好的事情。

⑸做個深呼吸，隨便哼唱幾句。

⑶採取主動

打招呼時應採取主動。

迎面走來一位朋友，可是卻想不出他是誰，此時我們常會猶豫是否該打招呼？其實，這種時候根本不用考慮，只要問候一句適合時間的「早安」或「午安」即可。

因爲，不會有人對親切和藹的寒暄生氣。

當對方已經走遠，自己才想到打招呼，因此便作罷，如此一來，很容易被批評：

「這種人，在路上碰到連招呼都不打，眞是的？」

爲了避免這樣的誤會，應不計較地位的高低及年齡的長幼，只要看到朋友，就應該主動問候。

(4) 接續後面的談話

應付禮節不僅限於「早安」、「午安」等問候語。還需準備接續的話，例如：

「早安，今天早上好暖和啊！」

「午安，你好像有什事吧！」

「再見，辛苦了！」

附加的話可以讓對方感覺更親切。不過，如果未注視著對方，便不易說出適當的話，因此，平常便需培養注意事物並深入思考的習慣，這絕對有其必要。

④三明治式的自我介紹

自我介紹的目的在於讓別人正確地瞭解自己，擴展自己的人際關係。

對於謙虛或自卑都沒有好處。「知者爲知之，不知者爲不知」，不必爲了討好別人而矯飾自己，甚或貶低自己，爲了讓別人能瞭解眞正的自己，自我介紹應該以能製造印象爲主。

介紹時與其東拉西扯不著邊際，不如視對象及場合決定說話內容，更容易讓聽者瞭解。

此外，縱然是相同的介紹，也不一定大家都能記得，雖然聲音及儀態是相同的自我介紹所必備的條件，但是若能多下點功夫，其結果必定大不相同。

方法之一是「自我介紹的三明治」，所謂「三明治」，是以自我介紹的內容爲餡，問候及姓名介紹爲土司，將兩者緊緊包合的方法。

⑴**問候**——以適合當時情況，能帶動現場氣氛的問候語做爲開始。

⑵**姓名介紹**——仔細地介紹全名，爲了使大家加深印象，最好能說明字彙及由

來。

(3)**內容**——這是自我介紹的正題，從出生地、畢業學校、工作地點、工作性質、家庭狀況、興趣、專長、理想等項目中，選擇適合當時的情況的幾點加以介紹。

(4)**姓名介紹**——再一次介紹自己的姓名。

(5)**問候**——介紹的末了最能讓別人留下印象，應特別重視，誠心地感謝大家聽完。

接著，我們便以參加研習會的自我介紹做例子，確實應用上述五點：

(1)大家好，很高興認識大家。

(2)我叫郭惠光，郭子儀的郭，恩惠的惠，光明的光。惠光是我的本名，不過朋友都叫我阿光，叫我阿光就可以了。

(3)我出生在台中縣，目前住在新店。公司在台北市南京東路三段，我的公司是從事貨運業務，因此我必須經常到南部出差。

以前我因爲任職於一家海上運輸公司，一直到去年爲止，我都一直在國外好轉。現在好不容易轉爲地勤，實現了多年來的夢想，所以我來參加這個研習教室，感到非常愉快。

我們做海運的如果遇到外國航線，一年之中便有半年以上的時間身邊只有同事，因此我們這些工作夥伴彼此之間的交往非常密切，根本沒有機會認識其他職業或不同領域的人。

或許我現在出發稍嫌晚了一點，不過我還是希望能和各位作個朋友，多多給我批評指教。

此外，因爲我已經有二十五年的船運經驗，其間有許多寶貴的經驗及趣事，下課後大夥兒可以一起去喝杯啤酒潤潤喉，我再說給你們聽。我很喜歡喝酒，所以製造這個機會喝酒，請大家不要見笑。

(4)郭惠光。

(5)請多多指教，謝謝！

⑤謙恭有禮未必合宜

「謙虛是一種美德」，這種觀念在東方社會中依然根深蒂固。但是，這種謙讓的精神似乎對東方人的行爲舉止產生了許多限制。

在應對禮節上，東方人最常見的說法多半是：「對於被任命爲這項計劃的負責人，才疏學淺的我……。」

另外還有一種說法「我是受命此項計劃的主任，李晨光。對於此項計劃的實行，我會竭盡所能去做，希望大家多多指教。」

筆者認爲，後者顯然充分表現出接受任務者的信心，是比較貼切的一種說法。

謙虛的行爲如果做得過度，便容易產生下列的弊端：

(1)要求對方也要謙虛。

(2)消極的表現變成逃避責任。

(3)不能明朗化

(4)態度不夠大方，是「島國根性」的原因。

由這四點看來，可以發覺「過度謙讓」與「自大狂妄」並無不同，因此應適時、適度的表現謙虛精神才是。

⑥親疏遠近的語句用法

前一節已敘述過，過度謙虛反而會形成溝通上的障礙。相對地，隨便的語句也有其程度限制。

這是一個講求精緻小巧的時代，無論任何事都需有輕便簡潔的表現，「演講要像迷你裙一樣，愈短愈好」，這便是流行。

語句簡單，省略不必要的字眼，利用特殊的語尾……，的確，這些語句出現在朋友之間絕對可以被容許，甚至可以增進朋友間的感情。

不過，如果同輩者較多而年長者也有多位在場時，便不宜使用輕率的言詞，因爲年長者可能在觀念上無法與自己溝通，如此一來極容易被誤認爲是在取笑長輩落伍了，跟不上時代，使他們覺得格格不入，氣氛尷尬，所以應謹慎爲之。

依據以上的原則，在考慮過與對方的親疏遠近、年齡及身份的差異後，若能掌握得宜，爽快而坦誠地與對方打招呼，必可抓住對方的心。

年輕人與同事相處時，即使是一聲「嘿！」也只是活力充沛、活潑大方的表現。如果是親密的朋友，雖然是一聲「嗨！」也能傳達彼此的心聲。

最重要的是，應眞誠地投入情感，並傳達給對方明瞭。

⑦在大衆之前演說的注意事項

在會議或集合場合上的應對語句，極易流入陳腔濫調的形式，但是，對說話者來說，縱然有許多聽衆，對每一位聽衆來說，說話者卻是採一對一的形式與自己交談。

因此，無論人數如何衆多，說話者必須讓每一個聽衆覺得是在與自己說話，心理上這種場面與一對一的談話是相同的。

「天氣眞好，今天這樣一個好日子很高興能看到大家共聚一堂……。」

與其如此說，倒不如說：

「天氣轉好了，今天能接受邀請，我非常感激……」

相信這句話必能深獲人心。

然而，另一方面因爲我們不知道有誰在聽我們說話，所以必須仔細注意。我曾在收音機上聽過這麼一句話：「連水　病也沒染上，平安歸來了。」這對日本熊本地區的居民來說（水　病源於熊本）是十分失禮的一件事，身爲一位主持人竟說出這樣的話，實在太愚昧了。即使他本人並無惡意，卻在無意間造成了歧視及傷害別人的事實。因此切記一句諺語：「一言旣出，駟馬難追」，說話之前，務必多做考慮，因爲說錯的話如潑出的水，是無法收回的。

⑧說話技巧也是重點

每個人在聽演講時，都有各自不同的接受程度。即使說得不錯，但聽衆未必個個覺得好。所以，在討論演講的內容是否正確，是否理論性等問題之前，應先注意到說話技巧是好還是壞？

以下是某公司研討會的例子。會中每一個職員預定好題目，以身爲領導者的身份練習演講，每個約有三分鐘的時間。

二十五歲的林昭龍首先站在台上演講。內容有條不紊，而且也表現得很好。

「林昭龍先生說得不錯吧！有人受到感動嗎？」

林昭龍說完，我試著詢問大家，可是大家都側著頭，似乎沒有聽懂的樣子。

因爲他毫無表情，吱吱喳喳的說著，所以，雖然內容整理得很好，可是卻得不到共鳴，我指出這一點，向林昭龍建議。

「傷腦筋，只好改變個性了。」

「嗯！改啊！」

「哪像你說的那麼簡單，太殘忍了吧！」

「不是殘忍，放心，你絕對行的。」

「哦！是嗎？」

這段對話引起哄堂大笑，他自己也笑了。因此，當我一說：「剛剛你說：『是嗎？』這句話時的聲調非常有活力。」他也以恍然大悟的表情拼命點頭。

他終於瞭解到，即使不做改變個性的「悲壯個性」，一樣可以擁有明朗的語調及生動活潑的說話技巧。

然而，如果一個演講時自言自語的人，能脫胎換骨說得生動有趣，甚至能達到學會這些技巧的地步時，他的個性應該就會在不知不覺間覺得明朗而積極了。

1.說話低沈嘈雜的人，可以試著把音調提高。

2.眼睛看著聽衆說話。

3.投入感情，將表情豐富化。

明朗能使人心情穩定，放鬆心情，而安心感則是讓人感覺良好的原動力。

⑨用肯定語氣抓住對方的心

無論任何人，對於自己的意見或想法莫名其妙地被否定掉必定都會感到生氣。然而，對一件事使用否定的說法卻很常見。

「我吃豬排好了」、「我吃拉麵好了」這種說法很容易引起店員的不悅，因爲感覺上似乎不太想吃，很勉強的樣子。不過，只要稍微換個口氣，感覺就會大不相同了。

「我要吃豬排！」、「我想吃拉麵！」

這樣的語氣不是明確多了，也令人更愉悅！

同樣地，交付某項任命時，說「你做也可以」和「交給你了」，哪一種說法給人的感覺較佳？顯然是不言自明。

所謂肯定語氣便是將事物好的一面、明朗的一面表現出來。

「國輝，這份工作對你來說雖然很陌生，不過我相信你一定可以勝任的。」

「什麼，已經完成一半了，眞是愈做愈進步了！」

像這樣上司鼓勵部屬的，便很能激勵部屬發揮潛力。

⑩成功演講的秘訣

前面我們已介紹了許多不同場合的說話技巧，此處我們所要介紹的是，應採取何種步驟，需注意哪些事項才能做好一次成功的演講。

〔仔細地傾聽別人的話〕

無論任何人說話都應專心、仔細地傾聽，一個會說話的人會隨時記下好的詞句。過些時日之後，一邊看筆記一邊回想，便能具體瞭解，什麼時候、什麼場合，該用這樣的說法。

聽別人說話時，自己應該保持像白紙一般的「空白狀態」。如果自己先假想情況，已有先入爲主的觀念，如此一來便很容易遺漏說話者的本意，所以，聽別人說話時應有全盤接受的心理準備。

〔試著做分析〕

邊聽邊做筆記，掌握了全部的內容之後，接著需做分析，同時也要嘗試自己說話的內容。將別人說過而自己沒說過的詞句摘錄出來做比較，使可以清楚地看出該改善的地方。雖然經常聽到有人抱怨：「說不出話來」，可是卻很少有人眞正去分析，什麼樣的場合，無法說出什麼樣的話？不敢分析，自然便想不出對策了。

因爲，原因不同的情況，對策當然也隨之改變。自己的問題在於「太緊張而說不出話來」或是「想要說些正式的應對詞句卻結結巴巴說不上來」等等，自己應仔細分析清楚。

〔開口說說看〕

如果你一邊想著：「討厭，不要說了！」一邊說話，恐怕說幾十次也說不好。

相反地，輕鬆地想著：「嗯，試試看吧？」保持愉快的心情去說話是第一要務，此時若能注意下列幾點，便會有更好的表現。

1. **不要驕傲，坦率地溝通**——無論如何僞裝，也改不掉本性，所以使用平常的習慣用語即可。

2. **爽朗的笑容**——不須勉強自己討人歡喜，自然便是美！

3. **兩極反應**——明白的表示開頭及結尾。

4. **具體性的表現**——穿插一些插曲，使對方易於喚起印象。

專欄——傷腦筋時間②

■與人共乘電梯時，經常會令人感到緊張，不知所措。如何改善這種情形呢？■

電梯是一個很不可思議的空間，一群素昧平生的人，在很短的時間內，同時被關在一個封閉的空間中。很多人因此覺得緊張、無聊。

以下是筆者的經驗談：

我在都市的某幢大樓裏等著電梯，等候的人愈來愈多，不久電梯的門開了，我走進去時突然接觸到一位外國老太太的眼光，她對我眨了眨眼，我立即向她點頭示意，感覺非常舒適，在電梯內一直感到很不自在的我，那一天卻意外地感到前所未有的愉快心情。

我們每次與別人共乘電梯時，總是將臉轉向一邊，儘量不去接觸別人的眼光，或者盯著層數顯示板，沒有其他任何動作。當然，如果當時突然向一個完全不相識的人說：「昨天味全隊又輸了。」這種做法未免過於唐突，不過，我們也許可以試著學習那位老太太的表現方法。

「隨時不忘點頭示好」、「做為訊號的眨眼」等等，只要稍微存有一點對人的關懷之心，就是一種漂亮的問候方式，同時，對於不和諧的人際關係也有潤滑般的功效呢？

第三章　各種場合的自我介紹

①自我介紹的要領

自我介紹的目的在於使別人瞭解自己，對自己產生親切感。因爲，即使在言詞上努力修飾，但從個人的態度、表情、行爲等來看，便可以判斷出事實眞相了。

以下列舉自我介紹時，應注意的重點。

〔做個表情美人〕

自我介紹時首先給人的印象不是由內容決定，而是表情、態度、服裝等第一印象。其中又以表情最爲重要。如果能以親切溫柔的表情來做自我介紹，便是個完美的演出了。

雖然有人常說：「魅力的焦點在於眼睛所散發的光芒。」但是，這也是因爲可以從個人臉上的表情及眼睛所散發的光芒，窺知其心態，才能感受這股魅力吧。

〔使用肯定的詞句〕

前章敘述過，只要多接觸，便能使對方因瞭解而產生親切感，但是，如果過度謙卑反而會形成負面的影響。過度謙卑的態度似乎表現出一種心理，認爲「我就是這樣一個謙卑的人，所以請溫柔地對待我」，這不過是撒嬌而已，暴露出不成熟的人格。

當然，虛張聲勢並非我們所希望的，但是，完完全全地展現自己，卻是絕對而不容懷疑的。因爲，要拯救自己不能依賴別人，自己才是最佳人選。例如：

「我的個性有些浮躁、衝動，所以經常會不加考慮便放手去做，當然避免不了失敗，不過，我覺得自己的優點便在於能夠立刻採取行動，絕不拖泥帶水。」

像這樣的說法雖然肯定自己的缺點，不過多半時候反而能讓人產生好感。

〔爽快而開朗〕

即使只說一句話，但是使用沈悶或爽朗的語調，兩者所形成的氣氛截然不同。在多數人互相做自我介紹的場合中，最重要便是要有和諧的氣氛，因此，開朗的語調是必要條件。

這便是口齒清晰、爽朗而活潑的自我介紹，如果所有參加者都能做到這點，那麼，他的人際關係必定可以變得很好。

②表現幹勁的新人自我介紹

剛踏入社會與公司的同事初次見面，大多數的人都會感到期待、緊張和不安。不過，自己以後也將成爲公司的一份子，第一次與那些往後每天都要相處、討教的同事見面，是個很重要的場合。

這種場合中，與其緊張害怕，不如放鬆自己，坦率地表現，這應是最讓人具有好感的一種做法。不過，話雖如此，緊張也是無法避免的。此時，即使僞裝，也會立刻現出「原形」

。既然如此，不如一開始便誠實地介紹自己的一切。只要能如此想，心情也會變得輕鬆多了。

只要能隨時做好以誠待人的準備，那麼一切便迎刃而解了。

身爲一個新人做自我介紹時，應注意的事項如下：

1. 表現自己的幹勁。

2. 請求前輩的指導。

3. 充分表達親切感。

〔對上司做自我介紹時〕

我叫江良德，學生時代只會打手球，其他事則一竅不通。現在我希望自己能儘早進入情況，當然我自己也會努力達到目標，請您多多指教。

〔建議〕：如果在學生時代有全心投入的事情，把它說出來更能增加親切感。

我是張明樹，請賜教。我很喜歡電腦，所以學生時代起便開始接觸電腦，對軟體方面也有一些認識。今天能夠進入本公司的電腦部門，我感到非常榮幸，當然我也會努力工作，請大家不吝指教。

〔建議〕：表現出對工作的興趣，也能強調自己的幹勁。

〔對前輩做自我介紹時〕

您好，我是謝明旭。雖然我什麼都不懂，但是我會努力學習，請多多指教。

〔建議〕：愈簡短的介紹，愈需在表情及聲音上表現出眞誠。

各位好，我是周立民，今天起我要麻煩各位了，請大家多多照顧。

從學生時代起我就很喜歡爬山，所以對於野炊我深具信心。此外，我還會倒立，雖然有些奇怪，每次感到倦怠或肩膀酸痛時，只要倒立就能痊癒了。

除了這些以外，只要能運動身體的活動我都喜歡，最近我最熱衷的是滑草，各位如果要去滑草，請別忘了找我。玩歸玩，當然也要努力工作，請各位前輩指教。

〔建議〕：提到「倒立」一事雖然很奇怪，不過可以藉著「會倒立的周立民」加深大家的印象。

〔碰到比自己年幼的前輩時〕

如果對方比自己年幼，在初次見面時的應對或自我介給，也應與其他前輩一樣對待之，等到比較熟悉之後再以同輩的語氣相待，這樣才是得體的對應。

即使對方比較小，可是在工作上他畢竟是自己的前輩，雖然自認爲使用尊敬的語氣太過慎重其事，但是也不能漠視對方的感覺而主動以親近的態度去對待他。無論如何，這種關係總是會隨著時間的消逝而更為自然。

③新人對直屬上司的自我介紹

此處所應注意的事項與前節大同小異。只是在被分派任務之前，如果能參加職前訓練及新人研習，對於公司的狀況，以及自己的工作內容性質，應會有較爲具體的瞭解。在介紹中穿插這些內容，強調自己的工作意願，必定能給人更深刻的印象。

〔新人對前輩的自我介紹〕

大家好，我叫吳天成，今天起就要和大家一起工作了，希望大家能多給我指教。

在新人研習課程中，我學的是業務部的業務狀況，爲了能夠充分發揮所學，我一直希望能進入業務部，現在我如願以償成爲業務部的一員，內心感到非常高興，不過，也有一點不安。

我的個性雖然外向，也喜歡去認識新朋友，不過，我想今後爲工作而安排的約會，其性質必然與以往有不同。所以我如果想消除這種不安，更要試著去接觸更多的人才行。

〔建議〕：將心理的不安誠實說出，可以增加親切感。

♪大家高興嗎？
是！

雖然我也會犯錯，不過我相信自己能勝任未來的工作，希望大家也能給我批評及指導。

〔建議〕：稍微誇張的決定是新人常有的姿態。

各位好，我是王美華。今天起我就要麻煩各位了，請多多指教。

從小我就很喜歡森永牛奶糖的天使標誌，而現在我也成了森永的一員，所以精力格外充沛。我希望自己能早日獨當一面，請各位儘量給我磨練的機會，不要客氣，謝謝！

我對自己訂下一項規定，無論任何工作絕不以「不會」做推辭，不懂時一定要請教別人：「請告訴我應該怎麼做才對？」這是我對自己的要求。

雖然我個性浮躁，容易自做聰明，但是我會積極去做，請多多指教。

〔建議〕：具體說出公司的形象，不僅有親切感也能加深印象。

④在公司歡迎新人時的自我介紹

爲了歡迎新人所做的自我介紹不應過於冗長，簡單地介紹自己的職位，給予新人融洽及和諧的氣氛才是最重要的。這種場合應注意下列幾點：

1. 自己的工作單位。

2. 業務內容的簡介。

3.對新人的期許。

〔前輩對新人的自我介紹〕

歡迎、歡迎，我是趙雅琴，今年是服務於公司的第五個年頭，我的工作就像看家一樣，負責留守，正因如此，讓我瞭解了連絡的重要性。互相保持密切的聯繫，不僅工作愉快，效率也高，希望以後大家都能互相合作，謝謝各位！

〔建議〕：以自己的經驗來提醒別人注意，別具效果。

各位好，我是高永明，在這一課裏我算是元老，從踏入公司以來，多年來我一直都在這一課服務，你們若有任何不明白的地方，儘管來問我，隨時歡迎，我一定盡我所能告訴你們一切，請指教。

〔建議〕：以自己的一片坦誠，留給新人良好的印象。

各位好，我是本課主任林少健。看到本課今後又多了幾位生力軍，我感到非常高興，也充滿期待。我希望大家能儘快習慣一切，創造一個更好的工作環境。但是我所謂的工作環境最重要的是要讓每個人都能愉快地工作，所以希望都能有共識，一起努力。

〔建議〕：「我感到非常高興」雖然是一句很普通的話，不過如果加上一些感情，便會顯得特別生動。

我是課長邱英豪，在此代表全體同仁歡迎你加入我們的行列。這一段時間希望你能好好向前輩學習，早點熟悉業務，可以獨立作業。

對你我只有一項要求，那就是不懂的事不要放手不管。如果接到各人的詢問電話，有任何不明白的地方，一定要向別人請教，直到完全瞭解爲止。這是我的一點要求，希望你能做到。加油！

〔建議〕：升到課長或主任等職位的，所說的話很容易被認爲是高談闊論，但是，此時具體的建議及提醒反而更具有效果。

⑤新人歡迎會上上司或前輩的自我介紹

以公司或分公司爲單位舉辦新人歡迎會時，歡迎新人的一方有時也必須做自我介紹。這種情形除了自我介紹之外，有時也需做簡單的招待及演說。此時除了注意以下三點，還應考慮自己的立場及會場的型態，長話短說，如此一來，便能提高介紹的層次。

1. **對新人有什麼期待。**
2. **告訴新人公司未來的目標。**
3. **身爲一個社會人應有的心理狀態。**

〔新人歡迎會上身爲前輩者的自我介紹〕

歡迎各位進入本公司，我是總務科的史家泰，負責分公司的總務工作。我們分公司加上剛加入的各位，一共有三百三十六位員工。我們身爲台北市内的中堅分公司，無論在質或量上都非常充實。我竭誠期盼各位的成果，讓我們共同努力吧！

〔建議〕：介紹分公司的狀況，提高新人的警覺性。

歡迎各位加入本公司，我是營業二課課長雷子厚。聽新人中有許多人想到我們營業課工作，現在確實看到這麼多人站在這裏，我感到非常高興。

營業課的工作看來很光榮，但事實上卻並不輕鬆。我自己也經常因爲聽到顧客的抱怨而喪失了幹勁，有時甚至會不想上班。但是，一旦渡過了難關便會倍覺欣慰及喜悅。所以我也一直做到現在，畢竟業務這個工作可以當做男人一生的事業，很值得去努力，希望各位今後的努力能讓公司更進步。

〔建議〕：以自己本身的經驗和新人的不安，最能引起共鳴。

歡迎各位的加入，我是杜傳衡，未來的一年我將與各位共同努力，通常身爲一位領導人物對部屬都有很深刻的認識，我希望我也能對各位有所幫助，所以無論任何事都請不要客氣，讓我們一起解決問題，把工作做得更好。

【建議】：說明自己擔任的角色，讓他們感到更容易親近。

⑥新人歡迎酒會上的自我介紹

新人歡迎會中多半都是採酒會的形式，在酒會的場合做自我介紹，應以自己的個性及興趣爲重點，輕鬆而活潑地做介紹。

如果能讓前輩或上司產生好感，使他們有隨和、好商量的感覺，那麼這個新人的介紹便是成功的。但是，隨和並不是放縱，這一點一定要區分清楚。

此外，因爲喝了酒自我介紹也容易流於放縱，所以應特別注意。這種酒會並不是可以暢所欲言毫無顧忌的場合，只要簡單而富於幽默感，將眞正想說的事說出來，便足以讓人家有深刻的印象。

【歡樂的宴席上對新人的自我介紹】

歡迎你的加入，我叫錢克寧。去年才剛從人事部調來，好不容易才習慣了這裏的工作，目前做得非常愉快。

我喜歡玩小型電腦，經常試著打出各種資料，同時，我也零星學了一些軟體設計。我一個人坐在電腦前的時間雖然很長，但卻是個很愛擺龍門陣的，隨時歡迎你來找我喝酒聊天。

〔建議〕：不做作，坦率而親切的自我介紹。

大家好，我叫杜東志，取名「東志」據說是「向東發展抱負」的意思，所以我從南區跑到東區來奮鬥。

提到「志向」，不知各位有什麼樣的理想抱負？每天如此忙碌地工作著，有時甚至會懷疑：「難道這便是我的理想？」有時還會爲理想的漫無目標而慌張失措。但是，這些都有苦有樂，有時我們甚至會費盡心思去追尋自己的理想，這便是人生——。

〔建議〕：加一點效果，對方更容易記住自己的名字。

今天好不容易下雨了，坦白說，五年前我接受歡迎的那一天也是個雨天，會場也是在這裏，不禁勾起我的回憶。我是錢登章，請指教。

時間過得眞快，一眨眼便是五年過去，記得我第三天上班時，因爲接錯了一通電話，使客戶非常生氣，也給前輩們添了不少麻煩，到現在我仍記憶猶新。那次事件之後，我依然經常犯錯。雖然如此，現在回想起來，還是很高興我能進入這家公司。雖然數不清的失誤，但是每天都過得極爲充實，現在也是如此。這些都要感謝當時課長送我的一句話：「怕失敗的人絕不會有任何進步。」就是這句話，支持我渡過了黑暗期。

雖然我自己還不夠成熟，不過我很樂意替你們解決問題，彌補過錯，所以，不要怕失敗，勇敢地接受挑戰吧！

〔建議〕：失敗的例子最易使人留下印象，能以自己的失敗做為例子的人，容易讓人產生好感，而且這些話也是新人最願意傾聽，最能接受的內容。

⑦調職時謹慎而積極的自我介紹

每隔幾年便有一次調職或職務調動，這種改變工作場所的變化，對薪水階級可說是無可避免的宿命。隨著工作的調動，所經歷的工作場合愈多，人際關係也愈廣，愈有發展的空間，因此，似乎有積極異地的必要。調職時的自我介紹及應對，應以留給別人「態度積極」的印象。

不過，依據國人的習慣，如果一開始便表現得很積極，可能會受到警告，因此，多數人趨向於「在表現上保守，在實際工作上積極」的原則。如果新的工作環境有比較年長的部屬時，或許更應注意自己的表現方法。

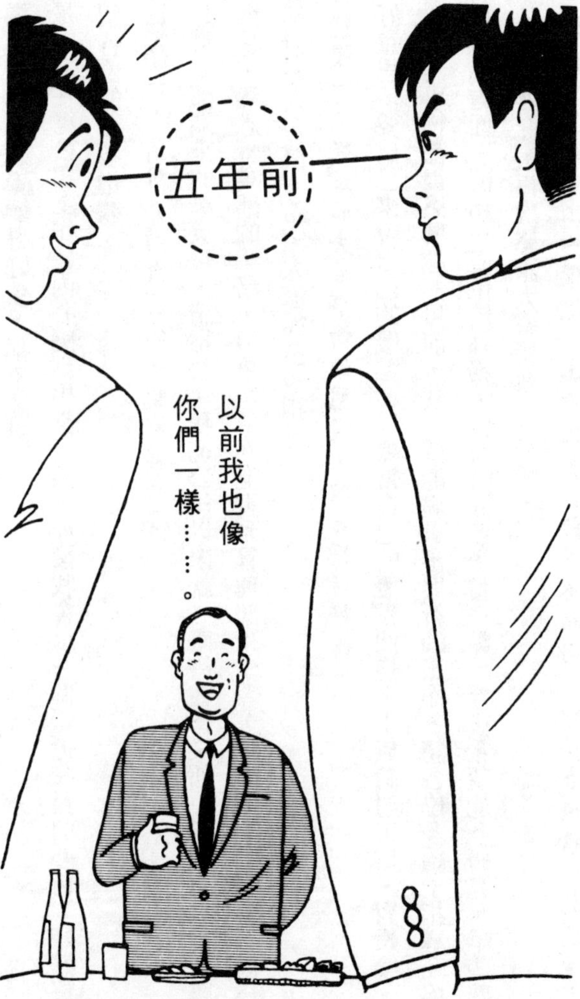
五年前
以前我也像你們一樣……。

【在新的工作場合的自我介紹】

大家好。我是金本利，從桃園分公司調來，請多多指教。

剛進公司時我曾在台北總公司的總務課待了三年，之後七年都在新竹、桃園等地工作。目前又調回台北，感覺變得好多，都不認識了。

但是，能在總公司工作，內心感到相當光榮，今後我會以一個新近職員的心情，好好努力，希望各位能多多指教。

【建議】：簡單介紹自己的經驗有其必要。

我是營業部調來的羅英哲，請指教。我進公司以來就一直待在營業部，已經七年了。雖然好不容易才熟悉營業部的業務，但是，這次能調到管理部來學習，我感到十分高興。因爲我一切都還不太習慣，希望大家能多多指導。

【建議】：從正面去看事情的態度，較易獲得好感。

不好意思，要自己來說自己的優點，我覺得自己的優點便是——無論對工作、對娛樂，或任何新奇的事物都很感興趣。目前，我希望能儘量參與新的工作，請各位多給予指導及協助。關於電腦方面，因爲一直忙於外務，沒有時間多學習一點，今後希望能多研究，早些熟練操作。英哲在此，再次懇請大家指教，謝謝！

【建議】：換了工作環境，工作性質自然也不相同，除了表現積極的態度之外，同時也應注意保持謙虛的態度。

⑧跳槽時的自我介紹

跳槽的例子最近在工商界愈來愈常見，因爲大型企業已有任用「空降部隊」的傾向，因此大家在職業選擇上所訂的標準也愈來愈高了。

但是，有「做了一半換工作的人還是不可靠」這種偏見的人仍不在少數。因爲即使新的工作環境能夠諒解，但是只要稍有不滿意，便很容易讓別人有「果然」、「所以說嘛」等等偏見，這一點不容忽視。

所以，更換另一個工作環境時，在初次的介紹上應注意上列事項，積極而開朗地將自己的幹勁及親和力傳達給大家。

〔跳槽時的自我介紹〕

各位好，我叫方大同，今天起我就要在這裏和各位一起工作，請大家多多給我批評及指導。

以後我是負責電腦軟體的工作，雖然我在以前的公司也是負責軟體部門，不過還是希望各位多給我指導，好讓我早日跟上工作進度。坦白說，我懂的也只有電腦方面，所以希望今後能拓展學習的領域，而且再二年我就要邁入三十而立的年紀，很想儘量學習有關經營管理及理財的知識，請多指教。

〔建議〕：介紹以前的工作和目前工作的相關性。

大家好，我叫葉建學，今後要請各位多多照顧了。很冒昧地想請問各位，你們知道怎樣可以變得很強壯嗎？聽說攝取鈣質、做運動是最基本的。但是如果鈣裏面不含維他命D便無法發揮功能，而維他命D可以藉著日光浴在體內產生。

〔建議〕：積極處理更換工作的態度相當重要。

事實上，這便是我更換這個工作的原因之一，既然同樣是設計的工作，我寧願選擇在烈日下運動的健康事業。從今天起我會拼命努力，希望大家能給我支持及鼓勵。

⑨調派至分公司時的自我介紹

近年來，員工由總公司調到分公司或關係企業的例子層出不窮。被調往分公司、附屬公司或其他門市的職員，年齡上有四十多歲的，也有三十多歲的。基本上，無論調到任何一個公司都應是出於自願，如此員工才能有更好的發展。

如果自己本身存有「被公司派遣而非自願」的心理，那麼周遭的人或許會隱隱約約察覺到，而因此感到不自在。所以，身爲當事人最好有豁達的胸襟，把此次調任視爲另一個機會，積極地投入工作，才是明智之舉。

若當事人讓別人有積極進取的感覺，既然是同一企業型態，別人自然很容易接受，當事人也容易提前進入狀況，相對地，工作也較能得心應手。

〔調派至分公司時的自我介紹〕

各位好，我是從超群公司國際事務部調來的楊力行，今後我就要與各位一起工作，有不懂之處，請各位多多指教。

在任職國際事務部期間，我曾派駐在新加坡三年，也在倫敦待過四年，關於本公司的出口，以前也有二年半的工作經驗，所以這次被調來，心裏有種回娘家的感覺，十分親切。

今後我將致力於擴展我們的出口業務到各個國家，請大家多多給我意見，謝謝。

〔建議〕：關係企業的例子中，業務上最常見的是種種業務的關聯，所以應提出具有親切感的事情加以說明。

大家好，我是湯本立，原任職三泰電氣的淡水工廠，今後希望大家多多照顧。以往我在淡水工廠負責的是電視機的小零件，所以對這裏的工作也瞭解一些，不過還是有許多地方需要各位的指導，當然我也會努力學習，希望能儘快進入情況，請大家批評指教。

〔建議〕：雖然是小公司也有其公司特有的作風，應該予以尊重。

最近常有人說：「後工程也是客戶」，後續的工程如因無法處理得容易操作，往後更無法順利。

很慶幸以前在後工程的工廠待過，所以也多少瞭解一些。今後希望能與各位同仁一起製作重視後工程顧客的產品。

〔建議〕：積極利用以前的工作經驗。

⑩以笑容迎接調職的上司或同事

迎接調職過來的上司或同事時，對於緊張的當事者，讓他鬆弛緊張的情緒是最重要的工作。

「只要有一個部屬不笑，就感到不安」，對一個被調職的職員來說，沒有任何事情能比接受誠心的歡迎來得令人安心吧！當然，歡迎的詞句固然重要，但是，將歡迎之意表現在臉上及親切友善的表情更是不可或缺。此外，對於工作的分配也可適當地稍做介紹。

【歡迎上司時】

我是伍思漢，進公司已有四年，負責南區及北區的業務，開朗的個性是我的優點，請您多多指教。

【建議】：典型的樂觀派，誠意最爲重要。

我是陳志朋，今年服務二年，進入公司以來，我一直擔任一號機的保養工作。我一個人負責這項工作正好滿一年，盡力維護，不出差錯是我的工作宗旨。

【建議】：介紹工作宗旨，讓對方藉此瞭解工作性質。

【歡迎同事時】

歡迎，歡迎，久候多時了，因爲人手不足，我們都在期待您的到來。課長也認爲這個工作必須委託老手，新人必定無法應付，因此他打了好多次電話叮嚀過人事課，務必讓您早日過來幫忙，眞是太好了，有您這樣經驗老道的人來幫忙，總算可以喘口氣了。我們這一課雖然工作繁忙，但是大家都非常合作，氣氛極和諧，您放心，讓我們互相勉勵吧！我是與您同期進入公司的石明賢，相信您還記得我，多多指教。

※　※　※

您好，我是詹天賜，已經在這裏任職二年了。多虧我在這個忙碌的環境中工作，因此被訓練成成熟穩重，我感到非常高興，也不斷努力著。我自己覺得我的優點是性格英俊，雖然沒有人說過，但是我說的並不是指外表，而是指心地善良的意思，請多多指教。

〔建議〕：對同事不需過於客套，反而意外地產生親切感。

⑪初次交易時的應對

對於初次交易的客戶，能夠面對面接觸可說是幸運、難得機會。因爲見面之前，你必定打不少電話，寫了不少信，好不容易才談妥見面的時間。

如此一來，無論買方介意與否，被拜訪的客戶可能產生：「我可是在百忙中抽空而來的？」這樣的心理，因此這一點千萬不可忽視，應站在對方的立場著想，至少應以簡單的詞句或態度，自然做到以下三點：

1. **「感謝您百忙中還抽空跟我見面。」**
2. **「像您這樣的身份地位，能跟我見面實在是我的榮幸。」**
3. **「很感謝您在這麼多同業當中選擇了本公司來爲您服務，謝謝？」**

此外，在商量討論時也應注意「多聽少說」的原則，一方面是給對方面子，一方面是靈活應用說話的機會，將話題自然引到自己的事情上。此時應注意下列幾點：

1. 從新聞等方面尋找共同的話題。
2. 在談話中穿插對方喜好或關心的事。
3. 應有明朗、幽默的內容及表現。

〔與負責人見面時〕

您好，我是大茂公司的龍偉華，打擾您了。

〔建議〕：典型的應對詞句，很有禮貌。

今天很感謝您在百忙中撥出時間給我，對於企劃部的工作我的經驗還不足，希望您多多指教。

聽您的口音很像是台南人，眞巧，我也是台南人……，不過，我畢業於台北的學校。

〔建議〕：從對方的口音或舉止等來尋找共同的話題，是值得一試的好方法。

您好，我是開全公司的曹敏達，今天能夠見您一面，實在感到十分榮幸，讓您勉強排出時間來，眞是過意不去……。

進入公司七年來，我一直擔任營業部門的工作，其中有三年時間是在西區分公司任職。關於本公司的產品，因爲供應量有限，雖然沒有刻意製造地域特性，不過在細節中，東區和西區多少還是有些差異。

【與負責人的上司見面時】

您好，我是精英公司江建宏，常聽黃先生（負責人）傳達您的意思，承蒙您的照顧，非常感激。

今天很榮幸能與您面談，關於這次的新企劃案，希望能聽聽經理您的意見。

不著痕跡、態度自然地找話題才是。

【建議】：與負責人的上司見面，首先應詢問對方對自己的公司或產品有無意見、要求等等。等對方提出問題時，一邊回答問題，一邊則應技巧性地切入自己的問題。

⑫晚會上與鄰座者的應對

前面已經敘述過，要一個東方人主動與他人攀談，似乎是一件很痛苦的事。

但是，在晚會等場合，如果能與鄰座者打好交道，溝通良好，便會有「不虛此行」的感覺。相反地，若是沒有談話的對象，只是吃東西、喝飲料，那麼事後很可能會後悔，也浪費了所花的參加費用。

事實上，只要提出勇氣，便會發覺有天壤之別的結果。放鬆心情試著去和別人溝通，因爲對方的心情和自己相同，所以大部分的人都能與自己相共鳴，愉快地交談下去。

〔結婚典禮上〕

他們眞是天造地設的一雙啊？對不起，我是新郎的同事。敝姓章，請問您是？

對方可能回答：「我是新郎學生時代的同學」等等。此時，要接對方的方法便是一面簡單地介紹自己，一面尋找話題，如此即可。

原來如此，聽說他很喜歡爬山，學生時代還參加過登山社，您也是喜歡爬山了？

對方回答：「嗯？」

眞好，其實我也喜歡爬山。

〔建議〕：從自己與主人間的關係談起，是最典型的方法。

〔客戶主辦的晚會上〕

好難得的盛會啊！

您好，我是李天年先生（主辦人）生意上的朋友，服務於大東公司，我叫楊力行，請指教。

此時，一面遞上名片，一面正式地介紹自己，因爲對方應該也會遞上名片，所以，接下來的話題應以能使氣氛融洽的內容爲主。

〔建議〕：無論是什麼內容，最重要的是開頭的部分，所以應以自然而明朗的聲音與人寒暄。

⑬晚會上的自我介紹

在各種晚會上的場合中，參加者輪流上台自我介紹是常有的事。因爲這樣做的目的主要是讓所有參加者能儘快地互相瞭解，打成一片，而且，這也是製造會場氣氛最有效的方法。

舉辦晚會的主旨及簡短幽默的自我介紹，便是最好的致詞內容。

〔結婚典禮上〕

恭喜兩位新人。我是新郎大學的同學彭宗康，目前任職於茂昌公司企劃部，家住北投，有空歡迎大家來玩，我泡咖啡請你們，謝謝。

〔建議〕：雖然介紹得不錯，但是如果能多介紹些自己與新郎在學校時的趣事，或許更具親切感。

〔客戶邀請時〕

今天很高興能接受邀請，我是美孚公司材料科的張潤書。

今天的晚會眞是熱鬧；而且菜肴也都很豐盛可口，我相信今後貴公司的業績必定是蒸蒸日上，步步高升。潤書在此代表美孚公司預祝貴公司鴻圖大展。謝謝？

〔建議〕：很簡潔的自我介紹，但是，後半段的客套話如果說話者本身不具某種程度的份量，便不易達到說話的效果。

〔新產品發表會〕

今天很高興能參加這個發表會，我是鼎康公司的施佩成。剛剛看過新產品，確實是項優良而富於創意的產品，各位長年研究的辛勞也可算是收到成果了！我相信今後各位一定會有更好的產品問世，在此恭喜各位，也預祝各位成功，謝謝！

〔建議〕：向他人或前輩虛心求教的態度，可以讓人留下謙虛有禮的好印象

⑭俱樂部或社團中的自我介紹

參加個人興趣所在的各種社團，固然能從中獲得樂趣，但是，能結交志同道合的朋友也是人生一大樂趣。因爲參加的人是依自己的興趣自由選擇，自然也能發自內心地與別人交往，有了這樣的氣氛，應更能充實自己的人生。

參加這一類休閒活動時的自我介紹，不要因爲是第一次而感到緊張或退縮，相反地，應以彼此能坦誠相見爲原則，誠實地介紹自己。

〔詩詞研習會〕

各位好，我叫方麗芳，今天起我就要與各位共同學習，有不懂之處請大家多多指教。

〔建議〕：介紹的重點應在於自己與詩詞的關係，以及自己想學習詩詞的理由。

以前我對詩詞就很興趣，只是一直未踏出第一步，今天能有個開始應不算太遲，希望今後能和大家一起切磋琢磨。

我家住在台北車站附近，家裏有先生和兩個小孩，一個高三，一個高一。歡迎各位光臨

我來自我介紹一下
我們的志趣相投呢！
眞的嗎？

寒舍，謝謝！

【攝影社】

各位好，我叫王惠芬。以前我的孩子還小時我經常替他照相，現在小孩長大了，幫他照相的機會也減少了，所以想學一些理論上的東西，才來報名。希望大家給我批評指教，謝謝！

【建議】：自己曾有過什麼樣的經驗或作品，想必是大家所樂意知道的。

【運動社團】

大家好，我叫戴名賢。高中時代我一直打橄欖球，但是，上了大學、踏入社會以後便一直沒有做任何運動，年輕時還好，現在年屆三十，身材愈來愈胖，連爬樓梯都顯得有點力不從心。所以，我下定決心開始運動，因爲以前打過橄欖球，我於是加入這個社團。聽說這裏的夥伴們酒量都很好，不管運動多久，練習完畢後大家都會一起去喝酒，或許在這裏我無法達成減肥的願望，但是我仍然希望能和大家一起運動，一起喝酒，謝謝各位！

【建議】：如果是參加過橄欖球或其他運動的人，對這番介紹應都會表示贊同，如此一來，便可知道自己不但瞭解自己，而且也已抓住了同伴的心理。事實上，演說的成功與否，關鍵便在於是否抓住了聽眾的心理。

⑮進修、講習時的自我介紹

在具有明確主題的讀書會或研究會上，除了學習之外，人際關係也是很重要的一環，尤其是在沒有特定主題下所組成的團體，如果人際關係不夠良好，便無法有進一步的發展了。目前已不再是「富有者」的時代，而是講求「交遊廣闊的時代」，所以，儘早建立良好的人際關係，才能提高參與活動的效果。

此時的自我介紹應採取積極的態度，清楚地表達自己參加的目的及個性。

〔研討會上〕

各位好，我叫趙榮祖。由於工作的關係必須經常接觸各種不同的人，如果不擅於言詞，工作便很難有所發展，今天能參加這個研討會，我感到非常高興。

這次研究會的主題是我期待已久一直很想學習的內容，所以很早就報了名，希望能藉此找到自己想要的東西。趙榮祖再次請大家多多指教。

〔建議〕：誠實地說明自己參加研討會的動機及目的，可以很容易和其他的與會夥伴打成一片。最後再說一次自己的名字，因爲常有人沒聽到開頭的話，也有許多人聽到之後便忘了，所以最好能再重複一次。

〔簿記教室〕

各位好，我是崔民英，我原本畢業於英文系，對管理業務可說一竅不通，但是進入公司時卻被派到管理部門，所以我來這裏學習簿記課程，希望能在半年内達到二級的程度，還請各位多多指導，謝謝！

〔建議〕：可以說明今後要學的簿記與自己本身的關係。

〔商業英語精修班〕

各位好，我是營業一課的黃啓隆，學生時代起我就很喜歡英文，不過對商業英文僅略懂皮毛，所以我報名參加這個進修班。我的夢想是能從事海外業務，所以我也不斷朝這個方向努力，希望有一天能完成理想，最後希望大家多給我批評指教，謝謝！

〔建議〕：參加公司的進修班應採取積極的態度，這裏提到的「夢想是從事海外業務」一事，是非常有力的一句話。

⑯在母姊會上的應對

母姊會是許多人在短時間內發表感想的一種特殊場合，所以每個人只簡短的說幾句話，不過，在這短短的介紹中如果能談到課業或教育子女等問題，遠比只提及孩子姓名的內容，更具親和力。

此外，若能提出某些具體的建議，或許能讓大家因此坦誠地互相討論，所以介紹的內容應以與討論內容有關爲宜。

〔母姊會上的自我介紹〕

我是黃士凱的母親。最近學校附近的交通流量很大，每次看孩子們總是邊走邊玩，令人非常擔心。

〔建議〕：緊緊抓住擔

心同一件事的母親的心，或許之後也會有人提出這樣的交通問題，話題無形中便形成了。

各位好，敝姓李，謝謝大家對小女的照顧。最近常聽到有學生因爲被欺負而不敢上學的事，不知道我們學校是不是有這樣的情形？如果有的話，做父母的應如何是好？希望大家能一起討論，找出好的對策，謝謝！

〔建議〕：以目前學校教育最大的擔憂問題爲構築環境話題。

⑰面試時的自我介紹

身爲一個社會人，所被要求的無非是能力及幹勁，一個人縱使有能力而没有幹勁，一樣會遭到淘汰。所以，除了能力之外，更應明確表現出自己的幹勁及企圖心。

因此，不僅說話的內容很重要，連第一章所述及的表情、態度、行爲、聲調的高低等等，也都是不可忽視的因素。

具體來說，一方面應注意下列幾點，另一方面則應留意明朗而積極的自我表現。

1. 進入公司的目的何在，清楚地說出自己的理想。

2. 坦率表現出自己的優點，但絕不可因此而自傲。

3.明白敘述自己目前能力所及的範圍。

〔面試時的自我介紹〕

您好。我是文化大學經濟系四年級的學生，專攻國際經濟，現在正在寫作有關中美兩國經濟比較的論文。另外，我也曾參加過稅制研究會的研習課，已取得稅務員的資格。因此，我希望將來的工作能充分學以致用。

我的專長是書法，以前打工時便曾做過寫招牌的工作。

〔建議〕：在學生時代有過如此經驗時，自然能增加自己的信心，如果另外具備某種資歷，便更易於「推銷」自己。

您好。我叫何北岳，目前就讀於中正大學英文系四年級，我已經通過英文檢定考試，希望能從事有關海外貿易的工作，目前我正在準備參加翻譯人員的考試。

國中、高中時我一直打籃球，對自己的體力還有自信，請您多多指教。

〔建議〕：表現出兩種不同的能力，可以留給別人「文武雙全」的好印象。

您好。我叫區懷恩，成功大學社會系四年級，大學時因爲太過於熱衷於打手球，荒廢了學業，所以留級了一年，不過，我也因此培養出貫徹到底的堅強意志，絕不輸給任何人。目前我已具備高中及國中社會科教師的資格，一切還請多多指教。

〔建議〕：爲了掩飾留級的不利條件，便必須表現出其他更有價值的優點。

⑱相親時如何表現自己的人品

相親或許可以說是一個人一生最重要的場合，緊張當然是難免的。但是，如果因此而矯揉做作，刻意表現，反而容易造成反效果。最好的方法是毫不隱瞞地敘述自己的個性，今後的生活及目標等等，誠實地表現自己的爲人處事。

此外，還有一點必須注意的是，應避免形成單方面的說話，一個人唱「獨角戲」。如果有可能與對方繼續交往，就應試著從說話中尋找彼此契合的話題。

〔相親時的自我介紹〕

您好，我叫賴思安。目前在一家電腦公司上班對於公司經常加班一事，我覺得應立即改善，因爲我希望能按時回家，能有自己的時間看看推理小說，看看電影。

我的興趣是種植花草樹木，如果不是因爲目前的工作，或許我會從事生化工程的研究。您好像對插花也很有興趣，我種了一些花，下次歡迎您到我家來參觀，我想您會喜歡的……

〔建議〕：不需太拘謹，也不要僞裝，率直地介紹自己。

您好，我叫潘翠音。我的工作是負責營業部的電話業務，也就是追縱營業做過的業務，所以必須十分細心，不能有絲毫馬虎。

目前我正在學習插花及裁縫，一半是興趣，一半則是考慮實際的利益，希望能藉此找到一份終身職業，請您多多指教。

〔建議〕：說出自己的工作性質、興趣，會有更好的結果。

您好，我叫劉文瑞。我的興趣在運動方面，平常我參加社區的棒球隊，在公司我也是足球隊的一員。通常我大約在七點左右可以回到家。和工作比起來，享受生活也是一大樂趣。

〔建議〕：很能表現個性的自我介紹。

我很喜歡交朋友，尤其是工作以外的朋友，因此我希望我的家庭是個好客的家庭。

〔建議〕：讓對方瞭解自己的情形有其必要，所以可以試著告訴對方自己的喜好、想法、信條等。

⑲演講前的自我介紹

通常在演講之前必須做一番自我介紹，即使是個衆所周知的名人，也不會省略介紹便進入正題，換言之，愈是名氣響亮的人，愈不會輕易放過介紹自己的機會。否則，縱然講得再好，而觀衆卻不知其人，豈不是徒勞無功。

此時，應注意的事項如下：

1. **簡短而深刻的介紹，使聽衆留下印象。**

2. **虛心接受司儀的介紹。**

3. **從與聽衆有關的話題導入正題。**

此種場合的介紹不宜超過三十秒。

〔演講前的自我介紹〕

我是齊宗賢。大家叫我小齊就可以了。

〔建議〕：利用幽默的語句來介紹，讓大家留下深刻的印象。

〔結婚典禮上的介紹〕

我是倪昌德。剛剛司儀介紹我是新郎的上司，實在不敢當，把我當做新郎的同事就好了。

〔建議〕：與當事者關係的自我介紹，使大家留下親近感的印象。

〔主持各種會議時〕

今天很高興能有這個機會爲大家服務，我叫宋靜塵。到今天爲止，我一直煩惱不知如何讓「宋」這個姓留給大家深刻的印象，正好貴公司的董事長也姓宋，眞是幫了我不少忙。

〔建議〕：發自內心的致謝辭，使能在自我介紹中表現出眞誠的一面。

⑳介紹別人與被介紹的應對

和朋友走在一起時，突然遇到了熟人，自己雖然已打過招呼，卻猶豫不決，不知道該不該介紹身旁的朋友。

通常此種情形如果趕時間，只要自己打過招呼，然後告訴對方：「我還有事，先走一步了。」如此即使不做介紹也並不失禮。

如果時間充裕，自己又覺得讓雙方認識比較好，那麼便從自己較熟悉的朋友開始做介紹。

如果雙方都是普通朋友，應先將年少者介紹給年長者，職位低者介紹給職位高者。

關於職稱，因公司的規模及體制各有不同，不需顧慮太多，最重要的是能清楚地介紹雙方。

〔臨時需介紹別人時〕

王學長，沒想到會在這裏遇見您，這位是士林電機的營業課長林一飛先生。李先生，王先生是我大學時的學長，目前是中華經濟研究院的研究員。

〔建議〕：雖然是突發的狀況，也應表現得果斷、俐落，清楚地做好介紹工作。

〔突然被介紹時〕

您好，我叫孫本寧。請多多指教。您現在中華經濟研究院任職，那麼，一定是走在時代的尖端了。

您好，很高興能認識您，我叫王如風，以後請多多批評指教。

〔建議〕：對現代人來說，雖然希望藉著被介紹的機會多結交朋友，但是卻很難遇到這種機會。即使是突然被介紹，也應附和介紹人，微笑向對方打招呼。

〔事先知會過的介紹〕

王先生，我來介紹，這是上次跟你提過的，士林電機的營業課長孫本德先生。他對尖端技術的研究非常關心。

孫先生，這位是王先生。前幾天我跟你提過的，他喜歡新鮮有趣的事物，他自己也是個很幽默風趣的人。

〔事先知會過而被介紹時〕

您好，我是孫本德。久仰您的大名，一直希望能有機會認識您，今天，百忙中還讓你抽空前來，眞是過意不去。

我雖然對尖端技術的研究頗有興趣，但仍屬井底之蛙，請王先生多多指教。

第四章　正式場合的致詞

①振奮精神、磨練自己的早會致詞

在一天的工作即將開始時，讓大家提起幹勁，振奮精神是早會的目的。會中以各部門主管的立場發言和以一般職員立場發言，在說話內容及形式等各方面都有相異之處。

首先，由新人到老手輪流上台的演講，最基本的應是坦誠表現自己的感覺與決定。這是一種機會教育，因爲上司藉此可以注意說話者「表達方式是否令人感覺良好？」、「對演講內容是否下過功夫？」、「他(她)是否有進步？」等等，而適時給予意見。一個人的「本性」表現在興趣、對事物的看法及想法等。所以只要抱持著「藉此場合磨練自己」的想法與會即可。

接著，部門主管及公認的中堅幹部則應好好準備內容及發言方式，以便對公司同仁產生正面的影響。

如果被批評爲：「他的內容每次都一樣呢」、「一點意思都沒有」、「那麼一大把年紀大概很健忘吧」，那麼被批評的人，豈不有失顏面？所以多閱讀書刊、報紙、專門雜誌，多充實一些豐富的話題，才是首要之務。

〔早會中的致詞〕

大家早。今早氣溫上升了許多，且又碰上車禍，所以遲到了，但看到大家都平安而精神奕奕地來到，我非常高興。

〔建議〕：首先開朗而生動地由周遭新鮮而熱門的話題開始。所謂熱門話題雖然稍嫌誇大，但是若能抓住今早的所見所聞、所注意的事，這種感覺即可。

大家早，今天是七月一日，從今天開始我們要展開夏季的宣傳活動。根據氣象預報，大概再二、三天就有梅雨了，大家努力吧！

※　※　※

大家好，今年度很快的過了四個月。記得剛踏入公司的新人做自我介紹時，我閉著眼睛聽還以爲哪一位高手在講話，他們傑出的表現或許比我們其中的任何一個都要好了！

我一面聽一面想到自己也曾是新人，那時候與現在比起來，現在的新人表現得好多了。現在我考慮的是修飾及體面……

〔建議〕：人的集中力最多不超過十五分鐘。所以最好內容中準備一些笑料以吸引聽眾的注意。

②會議上的致詞應確認來人的意見

無論任何工作，都需經常以開會來確認同事間或各部門間的想法，以及消除工作上聯繫的疏失及解釋的差異。

每週一次或每月二次的長時間會議，與每天十分鐘以連絡事項爲中心所召開會議，兩種會議的型態不同，自然致詞的內容也有所不同。但兩者唯一的共同點是，可以製造輕鬆的氣氛，讓大家都樂於發言。

這種場合同時也可試驗中心人物的領導及指導能力。

〔周末的定期性會議〕

大家辛苦了。雖然這個禮拜一直都很忙碌，不過大家都很努力做得很好，謝謝大家。還有這一週的銷售量比往常增加了兩成，現在請大家回顧一下這星期來所發生的事情，有任何意見請提出來。

〔建議〕：開始時如果以慰勞的語氣打招呼，比較容易取得與聽眾之間心靈上的溝通。

各位辛苦了，現在開始本週的會議。

上週我們談到，同事間應和睦地互相打招呼，這一點實施之後我就有了收穫。我們是星期一開始實施的，星期三那天在回家的路上，有位看似附近的年老客人對我打招呼：「早安店的先生，再見！」剛開始我不明白是怎麼一回事，楞了一下，結果他笑著說：「您是和平店的吧！我每天到您們店裏就會聽到您們的店員互相道早安，氣氛非常融洽，所以我也學他們跟您說再見。」聽完之後，實在令人欣喜不已。

〔建議〕：提出具體的事實，避免內容的千篇一律。

現在開始討論吧！先從好的一面開始檢討，請大家踴躍發言。

〔建議〕：消除一般檢討會時大家沈默不語的印象。

大家今天過得好嗎？累了？就快下班了呀！那麼，今天有什麼愉快的事嗎？或者，有什麼煩惱的事嗎？

〔建議〕：可令人感覺到女性主管般細心體貼。

③擔任會議主席時的自我介紹與致詞

在會議方面來說，有種種不同目的會議，但也有爲了某件事情必須共同磋商的目的，而召開會議。爲了使這個目的在短時間內較有效率地完成，所以主席就要發揮其重要的領導性。

在開始的致詞中，應簡潔地敘述會議的目的及意義，以便參加者能取得共識。因此，以下三點是缺一不可的：

1. 首先對集合大家表示慰勞之意。

2. 提出會議的目的（聯絡、改進提案、解決問題等）及簡要內容。

3. 必須根據資料來說明時，將要點依序說明。

接著要儘可能及早進入主題，在工作會議上最常見的便是召集會議者在開場白時便發表長篇大論，而與會者則默默聆聽，沒有發表任何感言，最後會議便如此莫名奇妙地結束了。其實開始的致詞在貫徹方針，而會議的意義則在於出席者提出各自的意見而後互相討論，尋求更好的結論。

會議所期待的重點應是，全體出席人員都能踴躍發言，找出反映全體意見的草案及方針，而後的決定權仍操在全體出席者的手上。

因此擔任主席時應注意這些要點，簡潔地致詞。

〔主席的自我介紹及開會的致詞〕

感謝大家在百忙中抽空參加會議。

我們將就事先分配好的問題來進行討論。

主席的任務由我許晉亨來為大家擔任。

首先我們由問題說明開始。林先生，交給您了！

〔建議〕：對主席來說出席會議是理所當然的事，但對其他出席者來說確是一件苦差事。因此，在開頭的致詞中應先安撫與會者的心情，而且可自然地加上暱稱來自我介紹。

大家好。承蒙大家抽空來參加會議，辛苦了。現在我們就免去俗套，開始我們關於明年度各單位的銷售目標及活動方法的最後計劃，進行商討。我想各科都已事先將表列出來給大家看過了，那麼，我們現在就進入檢討程序吧！

本年度已過了三分之二，只剩下四個月了，但如各位所知，我們實際銷售的業績並未如預期般提高。雖然各業務部都陷入苦戰，可是爲了提昇業績，應採取什麼樣的策略呢？

〔建議〕：毫不費力地帶入主題顯見主席的效率，但是若過於施用技巧，反而會給人被操縱的感覺而遭到排斥。

④社團、俱樂部中迎新人的演講

在網球、棒球、高爾夫球、排球等運動社團及寫詩、書法、攝影、烹飪、插花等技藝社團或其他集合同一嗜好人士的社團、俱樂部等場合中，對新加入的成員表示歡迎的致詞，重點在於如何能儘快幫助那些陌生又不安的新人獲得安定感。

在較隨意的集會中，因爲需以沒有任何頭銜的身份與人交往，所以歡迎會上的致詞深深影響到日後的人際關係，因此必須表現出愉悅的心情。

1. 對新成員的期待。

2. 表現支持新人早日熟悉並親近整個團體的意願。

3. 表示這是個可以令人放心的團體，讓新人儘快消除心中的不安。

4. 將名字插入內容中（提幾次都無妨）。

由於本來喜好的運動及興趣就相同，所以一旦加入實際活動中便可很快地成爲好夥伴。主持人（會長）便如上述致詞，然後副會長做補充說明，秘書則說明社團守則……等等，大家分別負責說話的內容，有技巧地進行，將公式化的演講以簡短的詞句結束。

〔對新成員的致詞〕

大家晚安，首先我們歡迎林先生加入本會，我叫黃泰安。本會自創辦以來已歷經十二年的時間，所有的夥伴都相處得非常融洽。我在本公司創辦第二年時，因調職台中而退出長達九年時間，直到去年才又回到總公司工作。可以說是「重拾舊歡」，但是我和大家相處，一點也不覺得有九年的空白。所以，張先生請放心加入我們的行列，希望能和這個志同道合的團體建立成一個和樂融洽的大家庭，使大家成為終生的夥伴。

〔建議〕：直接而強有力的訴求方法。此種方法很容易讓新成員內心不斷感受到眾人的善意。

很高興見到您，滿心歡迎，歡迎您。

歡迎，歡迎，我們歡迎您！（歡迎歌）

畢志堅請大家多多指教！

〔建議〕：雖然好像破壞了形象，卻很容易令人印象深刻。

⑤對調職或退休同事的態度

餞行時送別的一方有一點必須特別注意，那就是不要給對方一種「分手了就不認識毫無瓜葛」的印象。無論是陞遷或是獨自一人調職，當事人的心情不一定都是很愉快的。

贈言應以能顯現當事人為人處事的小故事為主，再加上以下幾點：

1. 慰勞當事人到目前為止的工作辛勞。
2. 當事人的工作成果。
3. 期待當事人在新工作崗位的表現。

4.如果是上司或長輩，希望今後有機會接受教誨，如果是部屬或晚輩，則應表示願意隨時給予意見或幫助。

5.祝福當事者的健康與發展。

總之，切勿拖泥帶水、又瑣屑又冗長的演說，誠懇而有力的語言才是最適當的。

〔部屬對上司〕

張先生，恭喜您高陞。到目前為止，我們大家都承蒙您多方的照顧，實在非常感激。我在業務部門待了兩年之後，便轉到這個部門來，從完全不懂到現在的純熟技術，全部靠您的不吝指導。在這部門中，有許多來自同業的誘惑，因此您教我：「一旦不小心受了誘惑，人生一步錯就全盤皆輸了。」這一句話到現在為止我仍銘記在心。

希望您今後在新的工作崗位上也能愈來愈活躍，並祝您身體健康，事事順心。

〔建議〕：巧妙地活用一些小故事。僅僅表示「承蒙您多方的照顧」是禮貌性的說話。

〔前輩對後進〕

恭喜您高昇了，以前許多事都虧您的幫助，謝謝您。尤其是關於營業處設置OA辦公系統一事，您的努力更是助益良多，有時甚至帶了被子就在公司裏夜宿。好不容易一切都上了軌道，正準備喘口氣時，您卻要調開，坦白說還眞有些捨不得呢！

但是，這對你來說是個千載難逢的好機會，或許您會遭遇到許多困難，但我相信你一定能一一加以克服。

祝你馬到成功。保重身體，好好加油吧！

有需要我幫忙的地方儘管來找我，我會盡力而爲。

〔建議〕：優秀的部屬被調走對上司來說是個嚴重的損失，不過最好能以「愛惜他就要讓他多磨練」的想法來面對。

〔調職時——前輩對後進〕

你知道嗎？有人說對接近退休年齡的主管人員來說，最好的工作場所是遠離總公司且有許多高爾夫球場的地方。

如果按照這個說法來看，雖然離退休還有一段期間，你的新工作地點不但有高爾夫球場，而且離總公司又遠，是再好不過的地方了。在高爾夫方面可以以低於標準桿數爲標準，努力練習，夏天時還可以辦個高爾夫球賽，這是最理想的未來。總而言之，請多保重。

〔建議〕：對於送別遷調或退休等在失意情況下離開的人，不要說些虛僞的漂亮話，或刻意營造一些開朗活潑的氣氛。何況，離職者在傷心之餘特別敏感，因此最好能顧及對方的心情，避開當事者的傷心事來為他送別。再者，如果過度地安慰對方的傷心之處，也許更容易擴大對方的傷口，應予注意。

〔派任或遷調時——前輩對後進〕

與我同期的孫先生雖然進入大展公司，不過在升爲課長之後便被派到分公司。由於孩子還小，他不放心，所以就每天花二小時通勤到新竹上班。因爲每天都搭第一班車，所以在車上一面聽英文及簿記的錄音帶，一面學習。使英文及簿記都有了很大的進步。因此，在第四年時候，雖然他一直是業務方面的專業人材，最後還是被調回總公司擔任宣傳課長的職務，

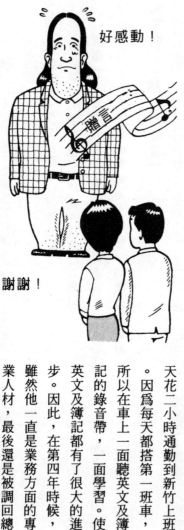

其任務是負責招待國外來的客戶並給予解說。這些都是六年以前的事了，你們猜他現在做什麼？他目前在紐約，是大展在美國分公司的營業部經理呢！

如果你們能有效利用時間多學習，說不定有更好的機會喔？

〔退休時——後進對前輩〕

我對施先生退休的感想是「好羨慕啊！」他是個多才多藝的人。在工作期間經常有後進或往來公司的負責人向他討教，不同領域的工廠也來詢問他對於員工組織的看法……，在忙碌的生活中渡過一日又一日。今後他就要遠離這些雜務，自由安排自己的時間，這對施先生本人來說，終於能夠迎接自己的日子，應該是一件很快樂的事！以後請多多保重，也希望您還能繼續給我們指導。

〔建議〕：充分表現出為了愉快送走前輩所費的心思，能抓住「羨慕」退休這一點，特別新鮮引人。

⑥調職、派遣或退休時的致詞贈言

被送別者的致詞應充滿感激，以良好印象及美好回憶為主發展談話。

至於痛苦、艱辛的經驗談只限於日後有所發展，有成就時，才可做爲致詞的內容。

被送別者的致詞容易流於感情用事、拖泥帶水，而將氣氛弄得沈悶，所以應懷著一顆感謝的心，爽朗而明快地回憶美好的事情，讓別人留下良好的印象。

〔調職時——被送別者〕

雖然在一起的時間很短，可是和各位一起工作非常愉快，謝謝大家！現在我已能體會到張立信的心情了，不知他調到台中縣之後過得好嗎？因爲他是全家跟著一起調職的，希望他們過得很好。

暑假時，請大家一定要帶全家來玩，我等著您們。最後衷心祝福營業一課蓬勃發展。

〔建議〕：對送別者所擔心的事，毫不在乎地回答：「放心吧！」是考慮周到的致詞。

〔派任時——被送別者〕

感謝大家長時間以來的照顧，這次要派去的公司就在台中車站旁，各位如果到那附近時別忘了來找我。

在被派任之前我決定了一件事，希望能說給大家聽聽。

以前就聽人說過，從總公司派來的人一眼就可以看出來了。

因此，我一定要入境隨俗，打算把自己打扮得像個土生土長的台中人，或許各位已注意到我把白髮染黑了，看起來是不是更年輕呢？由於我是少年白，所以一直想把頭髮染黑看看，今天染了之後一看，我感到十分滿意。

現在神清氣爽、煥然一新，我將更加努力，謝謝各位。

〔**建議**〕：驚人的自我發現使聽衆感到訝異，一篇眞正好的演講還包括演講者的誠意及良好的注意力。

〔**退職時——被送別者**〕

謝謝大家長久以來的照顧，今早要出門時被太太嚴厲地批評：「明天起你就是個大垃圾了。」因爲長久以來只要一到周六、周日，我就被視爲「垃圾」，實在無可奈何。

於是，爲了挽救自己的名聲，我要訂立有效的計劃來度過今後的漫長歲月。

首先，爲了與其他業界的朋友交往，我計劃好好地學習一番，我已經向地區及民間主辦的研習班報名了。

其中一個是雕刻教室，事實上，我在中學時曾想過將來要當個雕刻家，因爲對雕刻很有興趣，所以把它當做終生的樂趣，現在我想嚐試雕刻一些作品，希望能請大家欣賞，批評指教。

以前假日時，都是一面看書，一面不停地雕刻，不過現在起要正式地拜師學藝了。最後希望大家多注意身體，並預祝各位在事業上都有所成就。

〔建議〕：把自己退職後的計劃告訴大家，讓大家安心並知道你的第二個人生階段也會很充實。

⑦新年的致詞與訓詞

新年的致詞中，多半包含對公司的工作或個人的期待、希望及理想，而致詞是否能引發共鳴，則隱藏於具有親和力的氣氛中。

在這絕佳良機中，應避免說教，讓聽衆輕鬆地接受以促使新方針及新決定的成立。

1. 對職員今後的期望。

2. 完成去年未完成的懸案。

3. 新的提案、期待及希望。

4. 期望務必實行公司的展望及計劃。

以明朗而充滿理想的語調將上述幾點表達出來。

提到年初的訓詞等場合，常會令人想鄭重其事而嚴格規定「如何做」的固定模式，但事實上，訓詞應引用具體的實例來告訴大家。

由於是在工作場合不得不說一些比較嚴謹而現實的話，這些原是無可厚非的，在這種場合中，重要的是在嚴肅的談話之後，應以明朗而暗示性的話做結束，無論多微不足道的事都可以。

〔管理階層的致詞〕

恭喜大家新年快樂！

不知這四天假期中大家過得如何？今年過年天氣很好，是個溫暖而和煦的春節。對出外旅遊的人來說，應該也是個很好的時期吧！

不過反過來說，對賞雪的人來說，恐怕就有些遺憾了！（笑）

〔建議〕：消除聽衆緊張的有效依據。

關於去年我們就開始籌劃的辦公室改進計劃，今年可以開工了。目前已完成整地工作，將在十一日舉行破土儀式。因爲狹小而不便，希望各位在辦公室完成之前暫時忍耐一下。不久，我們就要向這狹小卻充滿回憶的辦公室道別了！

想必各位都已訂好了自己的新年新計劃了吧？公司方面也計劃以增加一倍的銷售量及新辦公室的完成做爲慶祝。

雖然簡單地說是增加一倍，但若把它看成百分之二百的成長率的話，就不是一件容易的事了。所以，請各課擬訂詳細的計劃，重新具體評估每一個往來的客戶，仔細計劃檢討一番。

幸好由於今年的景氣有好轉的趨勢，我想各位在工作上應該比較容易施展。我願意打前鋒，親自主動去實踐，實現計劃，朝著達到所有目標的方向邁進？

〔建議〕：在愉快而充滿希望的談話中，也爲工作牢牢地紮下根基，是一篇很不錯的演講詞。

〔代表職員的立場〕

大家恭喜，我是營業課的陳新福。大家過年還愉快吧！我去賞了雪，雖然好像整個台北搬到合歡山那樣擁擠，不過我們仍然享受了其中的樂趣。

所謂「一年之計在於春」，正因爲元旦別具有這番意義，所以在歸程的火車中，我也思考了一番，做了一些計劃。

每天，應如何做才能毫無牽絆地去享受賞雪的樂趣呢？這是計劃的起點。首先，應如何做才能讓上司在我們提出休假申請時，不會露出不悅的神情呢？

〔建議〕：加入對聽著的「詢問」，會成爲說話者與聽眾之間的負擔。

那就是要多做一些上司交待以外的工作。雖然我們的工作沒有一定的工作量，但在某一動機下，便可達到更高的工作量。

其次是身體的健康。身體若感到疲倦而四肢無力時，想達某一工作量並不可能，因此，永遠保持健康的身體才能有充沛的體力和精神去應戰。

因爲我參加了公司的足球隊，所以在每週一次的練習中可以使我的身體得到充分的運動，不過，在其他的日子裏我也盡量保持每天走路或慢跑十公里左右的運動習慣。我家到車站的距離不到兩公里，以前我一直搭公車，今早我試著用走路，今後預定如果快步走需二十分鐘。

如上所述，我今年一年計劃便是要充滿精神而愉快地工作。

請大家多多指教。

〔建議〕：僅提「公」的方面，使新年新抱負顯得生硬而嚴肅，最好再加上「私」的方面，說明新年的目標。

⑧新年度的致詞

在新年度的開始，結算完畢，眞正地告一段落後，新年度的計劃也仔細而具體地被提出來。此時，在致詞方面應留意以下幾點：

1.慰勞上年度的辛勞。

2.今年度公司的方針、目標、數字等等。

3.以生動的故事表現公司的進展。

4.切勿以沈重的語氣，表示還需多加努力的心。

這幾點才能使員工充滿希望與信心，以迎接新的年度。

〔部門長官的新年度致詞〕

大家早，從今天開始又是新的心情，新的會計年度的開始。

我想我們去年度的實際業績不久就會有明細出來，相信會有不錯的結果顯示。對於全體職員努力的成果，很值得欣慰。

本年度希望能「乘勝追擊」，有更好的發展。

我們業務部今年的銷售目標是四十億元，因爲去年是三十億，估計今年可以成長百分之三十，也就是要讓百萬元的客戶多訂購三十萬，達到一百三十萬。

如果這些目標能全部達成，便可說是萬事ＯＫ了，希望各位在散會之後能就此問題召開檢討會。

敬請多多指教。

〔建議〕：重要的是要詳細説明目標，以易於瞭解的形式傳達給大家，例如：「A商品目標一百萬個」等等，此種説法也比較容易讓聽眾留下印象。

大家早，今天是新年度的開始，今年本公司的銷售目標是二十億元，業務部門及生產部門從今天起就需朝著達成目標的方向邁進。

身爲管理部門的我們，應如何做業務部門的後盾呢？今年我們來嘗試對全體管理部門的職員做思考上的啓發，不知各位意下如何？

〔建議〕：因爲間接部門較不易將目標化爲印象，所以應如上説明，比較容易瞭解。

無論大家有什麼提案，請盡量提出來，讓我們把它反映給公司，希望公司能加速建立體制，具體的內容稍後課長會有指示。

拜台幣升值之賜，可以預期國內的需要將大幅成長，所以請大家就此擬定目標，拿出智慧來。

事實上，自去年的後半期起，在重新評估資料處理系統上，所有的女性同事出不少力。希望我們能將這種精神擴展到全管理部門，使我們的工作變得輕鬆，更容易完成。

敬請大家多多合作。

⑨為達成銷售額的促進會上的致詞

在促銷月及宣傳活動週等期間，為擴展公司商品的銷售所舉辦的促進大會中，應說些能提起職員幹勁使其意志昂揚的內容。

因此，致詞中應包括下列四點：

1. **明快。**

2. **使大家注意的因素。**

3. **強而有力的內容。**

4.必定面向正前方。

儘管平常時候的銷售也很重要，但如何才能使銷售成長呢？爲回答這些潛在性的問題，並使銷售員重新找出販賣時機，可以考慮以下幾種方法：

1.使銷售員發現目前工作中的盲點與浪費。

2.介紹業績優良者及其他公司銷售員的進展情形。

3.藉實例、古諺、格言及其他方法來說明成爲銷售關鍵的應對禮節。

〔部門主管的致詞〕

大家好。今天起又將開始我們第六年度的夏季銷售月了，我想各位都已擬好作戰策略，期待著今天的來臨。

〔建議〕：因爲這是個激勵大會，拖泥帶水的詞句必無法產生效果，一開始就能向大家寒暄問候，之後的演說台詞自然脫口而出了。

昨天，我去參觀了先施百貨公司的端午節商品特展。

雖然因爲是周日，現場十分紊亂，但我注意到一點，由於銷售員的應對方法不同，說服顧客的力量也各有不同。

我想有些是廠商派出來的店員吧！他們都很積極地招攬顧客。

如果有顧客站在商品面前看，他們就會停止招呼的聲音，上前詢問顧客：「歡迎光臨，您需要什麼樣的東西嗎？」

另外一種銷售員則是不斷地招徠客人並解說商品，說完一遍之後再招呼顧客。

銷售員大致可分爲以上兩種。

我看了之後，結果發現使用前一種方法的銷售額留住顧客的比率比較高。

〔建議〕：從具體的例子引出適用於本身工作的道理，特別具有說服力。

因爲人總是期望被關心的。

因此我希望在這個銷售月期間，各位也都能儘其所能詢問顧客的想法及需要，充分配合我們的活動。

讓我們互相勉勵，爲達成目標而一起努力吧！

〔員工代表的致詞〕

各位好，我是西區營業處的葉大偉。

〔建議〕：要促使大會場面熱烈需靠個人的力量，這也是除去頭銜而與大家站在同一立場的一種有勇氣的決定。

西區營業處在兩年以前業績經常都獨佔鰲頭，並且在促進大會誇下海口說：「還要更進步？」遺憾的是，正如大家所知道的，現在卻演變成「吊車尾」的局面。

營業處在設立之初，新市場的成交案件數提高不少，但是，現在競爭激烈，與其他企業互相競爭，卻一直無法提昇業績。

成爲老手後，往往便事先喪氣地說：「那公司是德記公司的地盤，不行。」或者：「那是屬於仁人集團的，我們無法攻入。」然而，前幾天，我們的新夥伴黃先生就取得了仁人集團的合約，使我們這些老手眼睛一亮。他還說：「有其他公司的存在反而更容易做事。」

當黃先生告訴我：「因爲已經知道了必要的事，接下來只要能讓對方瞭解我們的產品價格更低，品質及售後服務更好，就沒問題。」我聽了頓時恍然大悟。

西區營業處的業績之所以會下滑，全是我們這些元老的責任，我們自作聰明的結果，希望能重新努力回報大家。今天起我們要重新出發，攻擊周圍的盲點，讓我們營業處全體員工一起達成業績一百二十三件的目標。

〔建議〕：直接而具體地提出缺點，較具有說服力。

大偉也將和兩年前一樣，以業績優良人員的身份回到這裏，敬請大家期待。

專欄——傷腦筋時間③

■雖然想要拒絕對方的要求，但卻一再的拖延，遲遲不開口，在這種情形下突然遇到了對方……■

拒絕別人是一件容易的事，即使沒有拖延之意，但日復一日的過去，要開口便更困難了。

「啊！陳先生，前幾天多謝您了？」首先，最好感謝對方願意將事情委託給我們。「對不起，我應該立即來拜訪您的，拖了這麼久才來。」

本來像這樣拒絕或致歉一類的事，應及早讓對方知道，因爲沒有做到這一點而坦誠向對方致歉，是理所當然之事。

「因爲我自已仔細斟酌過，我想關於您委託我的事，還是交給您比較好。很抱歉，您特地委託給我，而我卻幫不上忙，對不起！」坦率的說明，誠心誠意的致歉，應不致發生衝突。

此外，如果對方並不急於要求回答時，可以先告訴對方：「關於那件事我還在考慮，請您再等一些時候。」這樣招呼過後，他日再前去拒絕的話，應比較有禮貌吧！

即使再忙，即使自己的地位較高。「拒絕別人就應親自前往」，這是最基本的常識。

⑩慰勞旅行、運動會等活動的致詞

平日大家並肩工作時總會有一些意見相左或對立的情形，而公司舉辦聚會等例行活動的目的，便是要消除同事間彼此的芥蒂，發現對方的優點，深入瞭解，使日後的工作更充滿活力。

如果對剛進公司一、兩年的年輕人問說：「進入公司以來有什麼不滿的事？」很意外地，他們的答案多半竟是：「參加酒會時，有些上司及前輩的酒品很不好。」

因此，雖然以往公司活動的致詞內容一般都是「把它辦得熱熱鬧鬧的」，但是爲了不要「快樂的酒會」變成「痛苦的酒會」，下列幾點應予注意：

1. 慢慢互訴彼此的心情。

2. 留意平日不瞭解的一面。

3. 做個好的聽衆，努力發掘同事好的一面。

4. 敞開胸懷，以恬適的心情享受其中的樂趣。

如果能有這些認知，便能阻止已獨飲而想找人麻煩洩恨的衝動，而且也會讓人產生：「也好，看看那個傢伙是否也有好的一面？」的動機。

〔賞花會中幹事的致詞〕

各位晚安，能在這個美麗的花前月下開這個賞花會，實在非常高興。今晚的幹事由我安台光爲大家服務。現場我們已準備了充分的美酒及佳肴，大家邊吃邊喝，不，應該說是邊喝邊吃，無論怎樣都可以，大家各自就己所好痛快的享受吧？

〔建議〕：雖然是個隨便而簡單的致詞，不過也要注意什麼該說，什麼不該說。依活動內容的不同，再簡單無妨，只要能做到如上述一樣，便可稱得上是一篇漂亮的致詞。

事實上，因爲平常十分忙碌，沒什麼機會說個人內心的話，今晚就讓大家敞開胸懷，彼此閒談在工作場合中所不知道的事，而把這個會定位在相知相交的意義上，如此我就感到很欣慰了。

請大家儘情地歡笑、享受，現在我們請黃課長帶領大家一起乾杯。

〔職員團體旅行時課長的致詞〕

大家好，感謝天公作美，今天才能和業務部的同仁一起出來旅行。希望大家能紓解平日工作的辛勞，一方面養精蓄銳，以應付未來的工作。

在公司裏，由於工作忙碌，同仁之間無法徹底地互相瞭解，在這次的旅行中有充分的時間讓大家互相溝通，無論是促膝長談或邊喝酒邊聊，都是彼此認識的好機會。

在地球五十億人口中，能夠同一部門工作，而且彼此能深入瞭解，眞可說是一種緣份。

如果大家能充分瞭解，也能充實工作上的生活，而且這種互讓的性格，也能擴展到周遭，使每個人都能彼此體貼、諒解。

〔建議〕：用自己的語言、自己的想法來表達同事之間忘卻工作共同暢飲的意義，這一點很值得嘉許。

希望藉著這次的旅行，使大家在工作崗位上都能擁有更好的人際關係。

這家旅館的魚料理遠近馳名，而且安幹事似乎也已經爲我們準備好了他們當地出產的美酒，請大家細細品嚐。

今晚必可成爲各位將來美好的回憶。

⑪年終聚會的致詞

以慰勞的詞句爲主做一年的結束，在不嘮嘮叨叨而自然的表現中若能加上以下幾點，必能使參加者感受到溫馨而愉快的氣氛。

1.不吝惜於稱許一年中有優異成績的人。

2. **對未盡全力及正在反省的人給予鼓勵。**

3. **全體的檢討及對來年的期望。**

〔工作結束時的致詞——老套的致詞〕

大家辛苦了，今天只剩下十天就要結束了，這一年來各位眞是辛苦了。我們這個部門今年的表現應還算差強人意，多虧大家的合作，使我們的業績終於接近了預期的目標。

〔建議〕：儘量提出具體的數字。

也許有人已完全達成過年時所擬訂的「一年計劃」，眞是太好了？不過，也許也有些人因爲不能如願而有所遺憾吧！

事實上我也一樣，但是，對於做不到的事情一直想不開也無濟於事，因此，我要把今年的檢討做爲一種依據，爲更豐盛的明年而努力。

大家一年來的確辛苦了，讓我們一起舉杯。

「乾杯！」

〔工作結束時的致詞——加上表演〕

（拿出一個寫上「工作」的球。）

我把球投出去，接到的人可獲得一份禮物。

（說完即將球丟出去，有人接住球。）

「好了，工作結束了。」承蒙各位合作，今天已平安無事地結束工作。有勞大家了！

〔建議〕：容易淪為千篇一律的例行公事，偶爾想些新穎的表演方式，試著將這些準備套入致詞中。

〔忘年會的致詞〕

（預先在各種顏色的摺紙上，上半句寫一些詞句，請大家接下句。）

「寒風」→「愈冷喝得愈多」。

「十二月」→「年終獎金泡湯了」。

哇！集了這麼多有趣的句子，字數多寡不拘，我們請作者把它唸出來。

〔建議〕：開始可指名一些做任何事都能一馬當先且做得很好的。此外，也可將這些詞句套在演講中，也頗有趣。

（各人唸自己的句子）

上句和下句似乎對得不錯，雖然今年過得似乎是相當忙碌，但是，在此就讓我們忘掉今年的一切，為明年繼續加油吧！謝謝大家？

〔結束忘年會時的致詞〕

今天，由於我是在座之中最年長者，所以很難得的機會讓我來做結尾的致詞。各位這一年來的確非常賣力，我相信明年也一定會是個好年。現在我的內心實在是百感交集，難以言喻，讓我們爲自己來個愛的鼓勵吧！

〔建議〕：如果現場不完全是熟識的人，最好先打聲招呼說：「借一下各位的手」，如此，愛的鼓勵拍子也較能一致。

拍！拍！拍拍拍！拍拍拍拍！拍拍！

謝謝大家。

⑫開幕、落成、啓用時的致詞

應邀參加有生意往來廠商所舉辦的開幕、落成典禮時，受邀請的人應感到光榮，因爲這證明了該公司已承認貴公司爲他們的生意夥伴。如果在衆多受邀者中又被邀請致詞，那更是値得慶賀的一件事，應由衷地表達自己的敬意，其要點如下：

1. **感謝對方的邀請。**
2. **恭喜該公司有今日的成就。**
3. **慰勞那些幕後功臣。**

4.預祝該公司有更好的發展。

〔開幕典禮上的致詞〕

恭喜貴公司今天順利開幕，小弟有幸承蒙貴公司的邀請參加此一盛會，眞是由衷地感謝。

〔建議〕：這是傳統式的致詞，如果致詞者和該公司或董事長有特別的交情，不妨可以穿插一些彼此間的小插曲。

自從聽說黃董事長想開第二家之後，身爲董事長左右手的張先生便不斷地努力，爲籌畫第二家店的開幕而盡心盡力，他的工作熱忱著實令人欽佩。

如今此店能依照計劃如期開張，可以說是全體成員努力不懈的成果。本人在此謹代表敝公司獻上誠摯的祝福，希望貴公司的業務能蒸蒸日上，第三家、第四家陸續開下去。

〔落成典禮上的致詞〕

今天是個風和日麗的好天氣，也是西城電機工業公司辦公大樓啓用的日子，敝人在此獻上衷心的祝福。

我和董事長蔡復興先生的尊翁是至交，戰前我們兩人胼手胝足經營了一間小小的工廠。戰後工廠成了一片焦土，當時我還自我解嘲地說：「我們借錢來經營的事業全部泡湯了。」

其實我內心是相當沈痛的。

〔建議〕：建築物必須藉著「人」才能發揮其功用，肯定該公司目前的成果及未來的發展，並回顧創業時的艱辛等等，更能引起聽眾的感動。

後來，我找了一份薪水階級的工作，而蔡先生則撐起了殘破不堪的事業，於戰後四年搭建木板房工廠。

如今他的兒子繼承父志，建立了五層辦公大樓，他的父親如果還在世的話，一定會感到非常安慰。

現任董事長是我從小看大的，他的爲人及能力我相當清楚，我相信公司在他的領導下，必能有一番成就，預祝公司成功！

〔落成典禮的致詞〕

所謂「風雨生信心」，就如同這場雨是爲這個日子而下的。今天這場甘霖是各位所企盼的，來自天上的「祝福」，預祝明年三月大樓能順利完成。

〔建議〕：落成典禮時的天氣狀況極重要，所以致詞者應事先準備一些下雨天可用的詞句，以防萬一。「風雨生信心」雖有些陳腔濫調，但只要後面的詞句避免落入俗套，仍可以說出一篇好的賀詞。

在此我誠心地祝福永年先生在東區商店街的事業，和往常所有的事業一樣順利成功。

⑬開幕、落成、啓用時主人的致詞

努力多時終於得以開店，或下了很大的心才創立了事業，這種種辛勞對開業者來說必是倍嚐艱辛。而且因內心懷著對於未來的不安，雖然口頭上說著：「今天很高興……」事實上內心正是百感交集，五味雜陳。

如果能將此刻內心的感觸稍加壓抑，坦率地表現出來，應較能符合當時的狀況。

1. **對來賓致謝詞。**
2. **向協助者致謝意。**

3.簡述創業的歷程。

4.闡述今後的展望，應請大家鼎力相助。

最重要的是，利用這類慶賀的場合，感謝那些一直從旁協助的人，並請對方繼續支持，同時，應用心讓自己的演講使來賓產生「我們是他的後盾」的感覺。

特別是第4.，坦率地說出今後的宣傳方向、預定的工作進度、所需的支援等等，也是一種好方法。

〔辦事處開幕典禮上主人的致詞〕

今天承蒙各位在百忙之中大駕光臨，小弟感激不盡。今天我能一償宿願擁有這間辦事處，完全要感謝各位對我的支持與照顧。

〔建議〕：眞情流露，足以打動人心。

很久以前我就一個念頭，希望能擁有自己的辦事處，然而眞正化夢想爲行動則是從半年前開始，從那時開始我不斷受到王董事長及在座諸位的鼓勵，才終於有了今天的一點成果，內心眞是充滿了無限的感激。

目前雖然事業上擁有自己的據點，但是面對未來仍懷有種種不安，希望各位能比以往更照顧我。

〔建議〕：此處是表現眞誠的關鍵。

今天本公司略備了些酒菜，請各位慢慢享用。趁今天這個難得的機會，尚請諸位不吝指教，多多給我們意見。

今天大家能齊聚一堂，小弟在此再次感謝各位的光臨，謝謝！

⑭表揚會上的致詞應簡潔明快

目前許多企業都有表彰資深員工的獎勵，此外，對於「企劃優秀」或「業績良好」等職員的表揚也很常見。

此類的表揚，包括已形成制度的定期性表揚，以及表現優異的不定期表揚二種。

無論屬於任何一項，對於頒獎人及頒獎人來說都是一件值得興奮的事情。

頒獎人應誠摯而不做作的恭賀獲獎人，其要點如下：

1. 對獲獎人的努力予以讚揚。
2. 犒賞受獎人的辛苦。
3. 表達出公司以他爲榮的意思。
4. 期望獲獎人今後更努力爲公司服務。

如果該頒獎不是特別隆重，致詞者可以儘量提及獲獎人的一些軼事，使內容更為溫馨，這是此類頒獎場合上應注意的重點。

〔表揚服務二十年的員工時〕

恭喜李海生先生服務本公司滿二十年。

他在進入汐止工廠之後，先後被調派到桃園、新竹等地，致力於指導後進。他的家雖在台北，但全家卻隨著他的調職而居無定所。

〔建議〕：藉當事人的生活插曲或是回顧工作上的業績，這些都可以強調「二十年」的重要性。

我常聽李先生說：「沒有和家人住一起，沒有辦法發揮實際的能力。」對於這一點我個人也深有同感。

今天，從那些他努力經營過的地區寄來了許多賀電，這些賀電都是來自那些他指導過的後輩。

當然，公司也同樣深深地感謝他，以他為榮！

希望李先生今後能為指導公司新人多費心力，發展公司的業務。

最後也祝福李先生家庭幸福，身體健康，萬事如意。

恭喜！恭喜！

〔頒發董事長獎時的致詞〕

（頒完獎後代表業務部門致詞）

田俊彥先生進入公司才三年，算是資歷尚淺的職員，但是他在去年以及今年上半年、下半年，連續三期業績都在前十名，尤其是這一期，無論是案子件數、金額都獨佔鰲頭，成績十分優異。

〔建議〕：頒獎儀式多半流於嚴肅，所以最好在頒獎給獲獎人後，穿插一些比較輕鬆的話題，以緩和氣氛。

衆所周知，即使是有十年、十五經驗的資深業務員，想要突破業績都十分困難，相反地，只要稍有懈怠業績便免不了要下降。所以，希望田先生能再接再厲，不斷展現自己的實力。

此外，田先生能有今日的成就，我想也是受了東區營業處的趙經理與各位前輩的薰陶的結果。希望這種良好傳統能繼續保持下去，爲公司培養更多的人才。

⑮接受表揚時的謝詞

無論是長期辛勞的結果，或者努力不懈的結果，在接受表揚時，多數人的心情都是相當激動的，以致張口結舌說不出話來，這是由於獲獎人的感動與情緒無法控制的緣故，所以我們也無需太在意。

但是，如果獲獎人情緒過於激昂而導致致詞內容太鬆散，很容易使與會者感到無聊，所以獲獎人在致詞時應保持理性，稍微控制自己的情緒。

致詞中不可或缺的要點如下：

1. 感謝頒贈這份殊榮。

2. 對周遭的人表示謝意。

3. 今後會更加努力，並期望大家的協助。

只要能掌握這三個要點，或許就是一篇令人激賞的致詞。

〔接受服務二十年的表揚時〕

今天很感謝大家。

好快，轉眼間不覺已經進公司二十年了。

剛進公司時我幹勁十足，但喜歡橫衝直撞，如果說今天有什麼成就的話，那也是靠前輩

獎狀
我想再頒張獎狀給他

給我的指導，以及同事給我的協助。當我被調職到各地時，所到之處每位前輩、同事都很親切地照顧我們一家大小，使我這個台北人無論是到台中、台南或高雄，都因大家的熱忱而有長久居住的打算。

〔建議〕：人的一生中，想要憑一己的力量完成的事情畢竟十分有限，這是努力工作過的人所得到的體驗。

今天只是另一個里程碑的開始，而今我也還需公司的照顧，我願爲公司略盡棉薄之力，也希望各位同仁繼續給我支持與協助，謝謝大家。

〔建議〕：不要抱持消極的心態，而應以積極的態度表示「尚需繼續努力」。

⑯主辦高爾夫球賽或宴會時的致詞

接待是一件勞心又勞力的事情，尤其像高爾夫球等活動，主辦者更需整日「隨侍在側」，陪在來賓的身旁，一刻也不能鬆懈，如此一天下來，的確會使人有筋疲力盡之感。

但是，像業務部門這種接待事宜特別多的部門，由於接待的次數多，當然不致於每次接待都緊張萬分，而且，如果讓對方感覺到你的緊張，那麼對方也將無法放鬆心情，由此可知，接待並非一件易事，也因此才有所謂：「學會了如何接待就是一名眞正的業務員」的說法。

在實際接待時，應注意下列幾點：

1.充分的準備並留意現場狀況。

2.不要忽略任何一個小地方。

3.表面上應保持輕鬆沈穩的態度。

留意各項細節，而且應對需自然大方，不要讓對方察覺到你的緊張，使賓客能舒適自在地與會。

此外，用餐前最忌諱長篇大論的致詞，應特別注意避免。

1.感謝平日的照顧。

2.感謝來賓於百忙中抽空蒞臨。

3.慢慢導入愉快的話題。

簡短地表達這三點，然後儘速敬酒開席最恰當不過了。

【宴請客戶時的開場白】

承蒙各位長期以來的照顧，感謝大家！天天麻煩各位於百忙中抽空參加這次餐會，心中實在過意不去！

今天略備了些酒菜，希望各位能有段歡樂的時光，請大家慢慢享用！

〔建議〕：讓特地受邀前來者聽冗長的致詞是不禮貌的做法，況且酒菜都已擺在眼前，還是以簡短扼要為宜。

感謝大家長久以來的愛護，更感謝今天各位能在百忙中抽空賞光，辛苦大家了。宴會過程有一些疏忽之處，給各位添了不少麻煩，本人謹在此向各位致歉。

現在我敬大家一杯，我們就開始今天球賽的檢討會，好嗎？

⑰恭賀別人高陞的賀詞

要做到誠心誠意祝賀同事高陞；是需要度量及勇氣的，如果胸襟不夠寬大，賀詞中必會產生瑕疵。

我們時常可以在電視上看到網球選手戰敗時伏在球場上懊惱不已的模樣，所以，我們不必老是壓抑自己的感情，偶爾放縱一下，流露出自己的情感，或許更能幫助自己整理情緒。

如此一來，克服了心中的懊惱及痛苦才能真正擁有寬大的胸襟及熱情。

要將衷心的祝福傳達給對方是一件不容易的事。

1. 要從心底為他感到高興。

2.將這份喜悅表現在態度、言語及表情上。

3.不要附加說明（例如：不過，這也是您運氣好…）如果畫蛇添足，就成了差勁的賀詞。

4.期望對方未來有更好的發展。

如上述，先調整自己的情緒，使自己由衷地爲對方感到高興，然後充分表示自己的祝福之意，如此便是一次成功的賀詞了。

〔對同期人員或後進人員的致詞〕

恭喜你榮獲高陞，我眞爲你感到高興，看你這麼努力，我就知道你一定會成功。相信你以後必定能再創巓峰，加油！

〔建議〕：表情及聲音要明朗愉快。

〔對前輩或上司的致詞〕

恭喜您，今後我也要向前輩看齊，多加努力才是，以後還請前輩多多指教。

〔建議〕：對上司及前輩不要用「果然」、「很好」等詞句。

〔同期人員先獲得高陞時〕

恭喜你從同期人員中脫穎而出，榮獲高陞，我眞替你感到高興，今後還希望你多多提拔，多多指教。

〔建議〕：這是不易表現恰如其份的場面，如果能自然、不奉承，以誠懇的心來祝賀別人，那麼你便稱得上是一個大人物了。

祝賀的時候還可以使用平常的語氣，但是，升職以後或是會議等正式場合，便需使用敬語，如果無法做到這一點，不但會令人難堪，也會讓其他人看不起，被譏笑爲不懂自己身份的人。

⑱接受祝賀時的應對

對一個職員來說，陞遷是最好的獎勵，甚至可說是個人業績、能力及努力的象徵，而且也能帶給當事人極大的成就感。

但是，有些人卻因過度興奮而變得驕傲自滿，這就不足取了。

陞遷並不單純爲了得到更高的職務，其中還包含了一份責任，所以在率直表達自己的欣喜之餘，最好也能表示出對新職務負責的態度，在接受祝賀時應注意下列二點：

1. 致謝並對對方的協助表示感謝之意。

2.表明自己今後將更努力的心。

做到以上兩點便可「及格」了，但若並非正式的場合，可以增加一些輕鬆而適合該場合的話題。

〔對上司時〕

謝謝。今天能有這個機會都是託課長及各位同事的福，今後我會全力以赴克盡自己的責任，還請各位繼續給我批評與指教。

〔建議〕：在公開場合裏如果只感謝其中一人，以後很容易引起其他人的反感。

〔對同輩及後進時〕

剛才實在太過獎了，讓我感到既欣喜又羞愧，實在不敢當了。我是怎樣的一個人，在座的各位都很清楚，我自己更是明白，承蒙諸位對我的誇獎，更加使我愧不敢當。

〔建議〕：使用固定的形式易流於謙虛不實，如果可能的話，偶爾稍微脫離俗套也別具味道。但是，想要打破窠臼也不能流於戲謔胡鬧，應通情達理爲宜。

三十歲的同事之中，我是最先升任課長的，以前參加機車賽及馬拉松時，我也都是一馬當先，在軍隊我更是屬於前鋒部隊，我想或許會有不少人對我這麼年輕便擔任幹部感到不服氣，但是，我會全心做一番衝刺，表現給大家看，並爲將來眞正優秀的青年才俊打下深厚的基礎。

大學時代踢橄欖球，我是擔任前鋒，要一直守球到後衛接受爲止，今後我會保持這種衝勁繼續努力，並請大家多多指教。

⑲恭賀別人得獎或出版新作的賀詞

在我們的周遭雖然很難遇到獲得「國家文藝獎」或「中山文藝獎」等大獎的名作家，但是，長期活躍於社會上的企業家或學者等人，就經常有獲得獎賞的機會。

如果獲得「春季勳章」或「秋季勳章」等大獎，不但有榮耀，得獎人更是格外興奮，此時多半會聚集幾個要好的同事開慶祝會，同樂一番。

此外，費盡心力完成了成千上萬張稿的作品，終於得以問世時，作者或其身邊的朋友也常會舉辦慰勞性質的慶祝會。

雖然有些名人的出版紀念會非常盛大，但是，一般仍以邀請親密朋友參加的小型慶祝會居多。

參加此類小型的派對，令人感到非常溫馨，所以參加者可以聽聽別人的甘苦談，互相切磋、互相嘻鬧……，可以自由地享受一切。其要點如下：

1. 坦率地表達出「恭喜您，終於完成了」的心情。
2. 對內容做具體的讚揚。
3. 詢問寫作期間所遇到的困難之處。
4. 詢問未來的計劃。

〔祝賀出版〕

恭喜您終於完成了大作。從聽說您在籌備中開始，我就一直期待著，裏面值得一讀的地方很多，若不是您一直指示我看，我一定會有遺珠之憾。

〔建議〕：瀏覽過該書，而能說出只有看過書的人才能說出的話，那麼必可使你的賀詞生色不少。

很辛苦吧！要兼顧事業及寫作兩方面。

今後請再多出些好書，我們恃目以待。

〔祝賀出版——朋友間的賀詞〕

上星期天我本來打算好好睡一覺的，沒想到才七點就被老婆吵醒，她說……

「老公，你看？」

「什麼？」

「崔先生出現在報上了……」

「啊？崔先生……」

〔建議〕：冗長的致詞，若能在聽眾喪失耐心時以聊天的方式漫談，也不失為一個好方法。不過，若是技巧不純熟，很容易遭到失敗。

我聽了嚇了一跳，因為最近空難事件及水災頻傳，我想一定是你遭遇到什麼意外，或是受到什麼驚嚇，仔細一瞧，才知道報上刊出你新書的介紹，雖然那只是短短十行的介紹，卻害得我為你捏了一把冷汗。

〔建議〕：如果每個人致詞都僅是讚美便沒什麼意思了，偶爾出現一些俏皮的詞句，可以帶動會場的氣氛。不過，應注意的是，這種玩笑性的致詞必須建立在深厚的友誼基礎上。

如果你事先告訴我的話，我也不必為你緊張了。你這傢伙從以前就是這麼害臊，不論做好事也好，惡作劇也好，總愛裝出一副若無其事的樣子。也不知道怎麼搞的，只要是壞事，別人就會懷疑是我的傑作，此時你就在一旁竊笑，如今你以旁觀者的冷靜的觀察力，終於寫

×××先生獲獎慶祝會
恭喜！

出了這本書。

書中的事情有三分之一我一看就知道描寫些什麼，可見你寫的都是眞實的事，學生時代到今天你一直給我添麻煩，昔日的「最佳損友」今天終於出書了，我實在很替你高興。

⑳坦率表現得獎或出書的興奮之前

經過常年的努力以及下極大決心才出書，這份興奮的心情是筆墨難以形容的，所有寫作時的辛勞在書出版的那一瞬間都煙消雲散了。

如果能得到朋友誠心的祝賀，那麼這份喜悅更是不可言喻。

招待來賓最好的東西就是主角愉快的心情，因此，在表達出書的喜悅時，應注意以下幾點：

1. **坦率表現自己的欣喜之情。**
2. **向幫助過自己的人致謝。**
3. **把最艱辛的事告訴大家。**
4. **期望別人今後的幫助。**

經由出書，一個作者可以發表自己的看法及思想，因此從另一方面來看，每一個作者必須對自己所寫的內容負責，也就是作者本身由「個人」轉變為「社會存在」。

同樣地，獲得各種商業或文化團體所肯定的受獎人，在得獎的同時，其所扮演的社會地位也隨之提高。明白了這一點，就應不要害羞，清清楚楚地發表感言。

〔表達出書的喜悅時〕

感謝各位能抽空來參加，而且，寫這本書時也麻煩各位給我許多寶貴的意見。

〔建議〕：對於幫助自己完成大事的人，千萬不能忘記他的恩惠，或許你會覺得完成那件事完全是自己努力的成果，但是若能利用這個機會表達你的謝意，則再好不過了。

這本書的內容是有關「做事的方法」，所以需要各企業的諸位經理給我一些對現在的工作環境、事業及人際關係的看法，因此給各位增添了不少麻煩，實在不好意思啊！

各位都曾在我陷入困境之際，適時地助了我一臂之力，而且藉著各位協助，我才能表達出自己想表達的意念。

希望今後各位能繼續給我指教。謝謝！

㉑以客人身份被邀請上台致詞時

應邀參加晚會時，突然被邀請上台說話，尤其在事前沒有通知，毫無心理準備的情況下上台，該如何應付才好？

像這樣的例子屢見不鮮，如果執意婉拒，必定造成尷尬的氣氛。在毫無準備的情況下，突然被指名說話時，不如沈著應變，帶著微笑從容地上台。

1. 首先，微笑地向大家問好。

2. 對晚會的主辦人表示讚許。

3. 介紹與主辦晚會目的有關的內容。

4. 對於能夠參加宴會一事，表示愉悅及感謝之意。

〔晚會上突然被指名時的應對〕

大家好，今天很高興能接受邀請，我叫洪文仲。

認識朱先生已經七年了，我一直很佩服他熱心公益的精神。

原本我對於慈善活動都抱著一份懷疑的態度，可是，幾天前有位仁兄告訴我他的一個念頭，雖然有些奇怪，但是我卻深有同感，他認為，社會年齡逐漸趨向高齡化，所以照顧老人的工作不應只靠年輕人，那些退休而身體依然健朗的老年人也應伸出援手。

〔建議〕：突然被邀請上台而腦子裏卻是一片空白時，不妨聊些主人的事，或是以自己和主人的交情爲話題，如此便是一篇具體而新鮮的致詞。

也就是說，讓較年輕的老人在散步時不僅只是走路，而能陪伴較老的老人踩著悠閒的步伐邊走邊話家常，這對於年紀相近的老人而言，並不是件困難的工作，而且據說自己的話能讓對方接受是預防老人痴呆症的最佳良方。

因此，我衷心地期望朱先生的構想能早日實現，今天很感謝大家。

專欄——傷腦筋時間④

■和美國人一起參加派對而不得不用英文作自我介紹時，怎麼辦？

用英文介紹看似簡單，但是當自己親身體驗便不是那麼容易的一回事了。不過，如果我們能做到以下幾點，至少能避免出糗。

①先介紹自己的名字。"My name is Daive Lee"（我的名字叫李大偉）

②清楚地介紹自己的籍貫。"I'm from Taipei Taiwan"（我是台灣台北市人）

③介紹自己所屬的公司等等。"I work for ABC Company"（我任職於ABC公司，Work for是指在什麼地方上班，而be with則是著重於屬於哪一家公司，這種說法除了公司之外，在外務機關或商店等場合也被廣泛地使用著。

④交談有關拜會之事。"This is my first visit to the States（your city）（這是我第一次拜訪美國）

⑤多加些話題。"I'm very happy to have a chance to meet you all (talk with you)（很高興能認識各位）這兩種用法皆可，不過如果是初次見面，最好還是用 meet you all。

第五章　婚喪喜慶的應對禮節

①結婚典禮上介紹人的致詞

在我們日常生活中，最無法避免的便是婚喪喜慶等禮俗，因此，與其設法逃避，不如積極地參加，從各種人際關係中學習新事物。

本章就以這種觀念為基礎，來介紹婚喪喜慶的種種應對禮節。首先從結婚典禮上介紹人的致詞開始。

提到介紹人的致詞，我們最常見的便是分別介紹新郎、新娘的出生、家庭背景、工作情況、相識經過……等等，這種致詞不但浪費時間，也無法讓人留下印象。

致詞時，應以絕對有必要讓出席者知道的內容為主，接著再說一些能讓人留下印象的問候即可。

1. 向出席者致感謝之意。

2. 祝福新郎、新娘及雙方家庭。

3. 宣佈結婚成立。

4. 介紹新郎、新娘，如交往的經過等等。

5. 請大家對新人今後的生活加以照顧。

上述五點是介紹人在致詞時不可遺漏的，因此，最好事先能做重點整理，以防萬一。

有位介紹人因為是新娘那一方的人，所以，對於新郎的介紹只是輕描淡寫，幾句帶過，而對新娘的介紹則是鉅細靡遺，這樣的介紹只是讓人不耐罷了！

事實上，介紹人並不是有意的，只是因為沒有記下重點，一站到台上面對大眾突然遺忘了新郎的資料，此時只好為自己熟悉的新娘做詳細的介紹。

相對地，把內容當做文章來朗讀，效果將大打折扣。

〔新郎上司的致詞〕

感謝各位今天能在百忙中抽空參加這個喜宴。

恭喜柯輝耀先生及蘇慧華小姐結婚儀式圓滿完成，正式成為一對夫妻。

據說柯先生和蘇小姐從大學時代就是同學，到現在已經交往五年了。

柯先生目前服務於新光公司，我是該公司董事長，我叫馬龍光。

柯先生自從進入公司以來，其工作情況頗為特殊，我之所以這樣說，是因為公司的工作中，有一項必須調任到外食餐廳部，而才進公司半年的人，竟然自願調派到那裏。老實說，願意當外食餐廳店長的人，幾乎沒有。由於每次都為這個人選的問題而傷腦筋，既然有人志願擔任，即使他經歷尚淺，還是派他去了。雖然我似乎很沒有責任感，但是，在再三叮嚀：「不要一個人苦惱，有問題馬上回來。」之下，我還是送他上任了。

〔建議〕：不是所謂的「郎才女貌」型的介紹，從實際的工作態度來介紹新郎，是極佳的方法。

三年以來，他一點也不屈服於環境，不但沒被打敗，反而使外食店的生意興隆，兼職人員也很固定，這麼年輕就能有這麼好的表現，我深感佩服。

說了這麼多，希望大家知道，新郎是一位擅於籠絡資深員工，且能妥善處理業務的人。而在背後支持著他的人就是新娘——蘇小姐。

〔建議〕：從新郎的工作情況，自然地引出與新娘認識，兩人感情融洽等等，介紹得流利而溫馨。

蘇小姐以她女性的立場、觀點，告訴柯先生關於女打工員偶爾表現出任性行爲的想法。柯先生便依據此跟那些女孩溝通，聽說效果不錯，店員的反應是：「這位店長頗能瞭解我們。」

正因有蘇小姐的幫忙，而使柯先生能有事業上的成就，而今天，柯先生終於娶得了這位賢內助。

將來他們兩位希望能經營一家自己的店，目前正逐步把計劃付諸實行的這對新人，是很有爲的一對年輕人，今天能擔任他們的介紹人，實在非常榮幸。

希望大家以後能繼續給這對新人照顧和指導，謝謝！

②結婚典禮上具幽默感的致詞

結婚典禮上的致詞應照顧到當天的主角——新郎和新娘，並且以一個參加者的身份，營造歡樂的氣氛。

因此，不需把內容弄得過於嚴肅、複雜，只要能衷心地獻上祝福，用親切的詞句來說出即可。

因爲有許多人要致詞，所以一個人約以二、三分鐘爲限，冗長的致詞是不受歡迎的，致詞的重點如下：

1. 祝福的詞句。

2. 簡短而幽默的小插曲。

3. 親切的笑容。

4. 明朗的聲音（不要用尖銳嘈雜的聲音）。

在典禮中，所有參加者是以朦朧的心情來渡過這幾個鐘頭，而對新郎、新娘來說，要以做爲一生的回憶，讓今後能以安詳的心情來回憶一般地重視它。美滿的詞句或成語、俗諺等，再怎麼漂亮的詞句也不會令人感動，這一點必須注意。不需借用其他事物，只需以自己的言語表現出「喜悅」及「愉快」之情即可。

〔新郎朋友的致詞〕

恭喜這對新人，我是柯輝耀先生的高中時代的同學，叫劉瑞章。

高中時代，柯先生因爲擔任棒球隊的隊長，所以被封上「管家婆」的綽號。每次大家練習累了，他就不知從哪裏拿來檸檬片慰勞我們。

〔建議〕：將新郎高中時代的情況做一番簡述。

那時候，學校附近有一間澡堂，練習完後大家一起去洗澡，可是，不知何時，他已和老闆談妥了價錢。

一旦有了困難，他任何事都會幫忙。如果說因爲他是隊長，做這些自是無可厚非，雖然可以如此解釋，不過，事實上，默默耕耘才是他本來的個性。

〔建議〕：用「隊長」這一個關鍵字眼來凸顯新的印象。

現在，他身爲店長，雖然年輕，不過負責指揮大家工作的任務，由於他以往給我的印象，我可以肯定地說：「他一定可以勝任。」

我想今後他在家庭裏一定也會是個很好的丈夫，誠心地恭喜你，輝耀！

〔朋友的致詞〕

恭喜新郎新娘，我是他們潛水隊的朋友，孫向榮。潛水時，一定要兩個人成對下去，以避免危險。

【建議】：結婚典禮上的致詞不能說太多的話，閒聊兩人之間的事或朋友、自己之間的社團活動、興趣、所發生的事等等，此外，巧妙地利用關鍵字，可以在短時間內描繪出印象。

結婚也是如此，在這漫長的人生中，如果兩個人共同生活，或許能生活得更好一些吧！雖然這是一個和平而多彩多姿的世界，但是，似乎有不少年輕人不知道如何去過日子。看到許多朋友都是經過戀愛之後，才領悟了生命的意義，我也逐漸感到兩個人配成對的意義。

一加一等於二，我想你們一定會產生無限的力量，希望你們永遠是「最佳拍檔」！

【新娘朋友的致詞】

恭喜！我是新娘大學時的同學，鄧小琳。

我因為加入話劇社，所以經常和慧華還有在座的美芳三個人，一起到區內的育幼院做童話故事及連環畫劇的演出。

擅長繪畫的慧華畫圖，美芳寫字，做了許多手工製的畫片，以後慧華就要為自己的孩子製作畫片。

慧華，祝妳幸福！

〔結婚典禮上司儀的致詞〕

今天，很感謝大家在百忙中來參加盛會。

〔建議〕：接著可以稍微介紹新郎的小故事或新郎與自己的交往情形等等，可以使現場的氣氛更爲熱烈，做好隨時開始的準備。

此外，希望大家如果有任何意見能馬上傳達給司儀知道。

我是新郎大學時的同學，林俊良，因爲不太習慣這種場面，所以我想應該有許多疏忽的地方，不過，我一定盡力做好司儀的工作，尚請各位多多指教。

③介紹人的工作——眞實的介紹

無論是商場上或是平常的交往，要介紹兩個素不相識的人，最基本的一點便是要體諒雙方的立場及心境。

要體諒雙方也就是要有所謂的「媒人嘴」，多餘的讚美詞句絕對沒有必要，眞實的介紹並引見兩人即可。

〔相親時介紹人的應對〕

今天很高興雙方都能抽出時間來，請大家不要拘束。

〔建議〕：在未形成融洽的氣氛以前，二個人根本沒有談話的勁，所以必須像這樣做好能讓雙方順利溝通的說明。

前幾天我已說過，我和白先生的父親是生意上的夥伴，他跟我提到許多有關白先生的事時，我就想到朋友的女兒莉容小姐，所以今天讓雙方在此見個面。

你們一面用餐，一面也可以坦率地互相溝通，如果彼此覺得投緣，可以先做個朋友，那麼我的工作也算圓滿結束了。

這邊是白健人先生及他的雙親，這邊是李莉容小姐及他的雙親。那麼我們就開始用餐，也請雙方互相做自我介紹，謝謝！

〔相親時介紹人的應對——幫學弟介紹的場合〕

大熱天裏，謝謝你準時前來，這位是大學時的學弟——廖明敏先生。

這位是內人朋友的妹妹——沈若珍小姐。前幾天我已說過，她服務於巨翼貿易公司。

那麼，你們放輕鬆，好好聊聊，互相溝通一下吧！

前幾天我才跟廖先生說呢？上一次在你們家看到妳時，嚇了一大跳，跟你姊姊長得一模一樣，簡直是雙胞胎啊！

〔建議〕：說出讓對方能易於交談的話題，也藉此介紹雙方。

如何，明敏，很漂亮吧！有沒有驚訝不已？

④增進交往及婉拒時的應對禮節

一個在商場上經常要擔任介紹工作的朋友，近來他卻說要儘量拒絕爲別人介紹，理由不外是，即使介紹了，以後會變成什麼樣子，自己一點也無法預知。事實上，無論是在工作上或是相親場合，在接受介紹之後，對於事後的交往應該向介紹人作一個報告，尤其是在交惡或拒絕交往的情形下，更應儘快告知介紹人。

因爲如果所介紹的人不好而拖延拒絕的答覆，不但容易使對方抱著「希望」，而且介紹人也會感到焦慮不安，這是相當不明智的做法。如果能清楚地告知不喜歡對方的原因而予以婉拒，對於介紹人來說，也比較容易向對方做個交待。

雖然介紹人要將「拒絕」的答覆傳給對方，是一件難以啓口的事，不過，這正是介紹人之所以有存在必要的理由。以人生經驗豐富的前輩身份，以伶俐的口齒做好傳達工作應不致太難吧。

〔相親後希望進一步交往〕

前幾天謝謝您。

對方給我的印象很好，我希望能跟她做個朋友，如果有機會，希望您能從旁協助一下。

〔建議〕：從旁協助的意思用得很恰當。

以後也請多多照顧，謝謝！

〔相親後的婉拒〕

前幾天眞是謝謝您了。

托您的福，我們相處得很融洽。可惜的是，我跟她的觀念、想法不太能溝通，我想如果拖下去反而失禮，所以，我就明說了。很抱歉，您如此費心地幫忙我還不領情，實在過意不去，希望您能委婉的告訴對方。

讓您如此麻煩，實在很抱歉。

〔建議〕：關於觀念不同這一點，對方應會詳細地詢問，所以事先應歸納好具體的幾項重點。

〔商場上向介紹人的報告〕

前幾天謝謝您把邵先生介紹給我。

二十二日我去拜訪他，做了一次很愉快的會晤，並約好下月二日再去拜訪，多虧您的介紹，謝謝您，今後也請多多指教。

〔建議〕：用電話報告即可，所以盡量不要太晚，要能夠抓住時機。

⑤各種場合的賀詞

人的一生中，有許多值得慶賀的事，例如出生、入學、結婚、金婚、銀婚、六十大壽、八十大壽，都是一項喜事。

基本上，應有爲當事人感到高興的心理，不要依賴形式上的祝賀詞句來表達，如果能夠衷心地表現「太好了」、「好高興」的心情，便可說相當成功的祝賀了。在這種場合中，如果仍在意用字遣詞、說法等，反而無法反映內心的感覺。

曾經有個人爲了說一些讓人感覺中聽的話，而勉強說出平常不習慣使用的用語，最後，反而留下慘敗的記錄。

他爲了撮合妹妹的婚姻，在邀集了兩家的家長到餐廳時，本來是想說：「舍妹不才，還能找到您們這樣的好人家，以後請大家多多照顧。」未料竟說成：「舍妹不檢點……」一說完，不僅他的父母親瞪著他，連對方父母也大為驚訝。幸好他們兩個年輕人笑了出來，解除了當時尷尬的氣氛。

事實上，只要表現出謙虛而親切的態度即可。

〔祝賀生產時〕

恭喜您！頭一胎，很興奮吧！她叫筱雯嗎？好名字。眞是恭喜了。

〔建議〕：自然的提及名字。

〔祝賀時——八十大壽〕

首先祝賀壽星健康快樂。今天很高興能來參加此一盛會，謝謝主人的邀請。希望您今後多加保重，能長命百歲！

〔祝賀銀婚的夫婦〕

今天很高興兩位能共同度過銀婚之喜，兩位相親相愛的模樣，實在令人羡慕。今天我出門時，內人還對我說：「我們不知道能不能跟他們一樣」呢？

〔建議〕：相敬如賓、恩愛逾恒的夫妻堪稱社會的好模範，這樣的婚姻生活可帶給其他人好的影響，在祝賀時能表現出這些心情尤佳。

叔父、叔母的家庭不但溫馨，而且他們的心地又好，所以經常成爲我們打擾的對象，這也就是我們這對不成熟的夫妻能維持家庭圓滿的秘訣。最後，希望您們能永遠健康，好好地享受人生。

⑥體貼對方心情的弔唁詞

有人說：「弔唁時，只要低著頭，音量放小地說話即可。」如果是在告別式或守靈等出入人數較多的場合，或許如此做做可以，但是，對於比較親近的人，應將自己能體會這種痛苦的心情表現出來，縱然只能讓對方減少些許痛苦，也應儘量緩和對方的情緒。

弔唁有兩種情形，一種是告別式當日，一種是事後碰面時的慰問，無論在哪一種情形下，都應尊重對方的心情，表達慰問之意。

〔弔唁詞——針對個人時〕

對於您母親的過世，我由衷地感到悲痛。

無論如何，請您不要太哀傷，趕快跳出悲傷的陰影，我想您母親也一定希望能見您健康快樂的樣子。

〔建議〕：態度、氣氛都很重要，習慣上不應表現得過於明快。

〔慰問死者家屬時〕

對於如此突然的消息，我實在不知應該說些什麼才好，不過，希望你們不要太沮喪，趕快恢復精神吧！

事情來得這麼突然，到現在我還無法相信，現在，我似乎還能聽到他笑著說：「乾杯！」的聲音，教我實在難以相信他已不在人世的事實！

希望你們堅強地活下去。

〔建議〕：降低音量，聽起來像是喃喃自語也無妨。不過，一開始毫無所知便以喃喃自語的語調來致詞反而不好，最好事先記好一種已定型的致詞或寒暄。

這次對於你父親的死，我想你們一定很傷心。你的父親一生拼命過著有尊嚴的生活，這是別人所無法仿效的，而且他把應該做的事都完成了。

令尊他教育了我及許許多多人，並拯救了社會的低迷氣息，我想他必定是帶著滿足而去世，他所要掛心的只剩下他的孩子們，不知他們是否能過得平安健康？俗話說：「善有善報」，我想你們必定受到令尊的庇佑而過得平安美滿。

如果有什麼需要幫忙的，請別客氣，請你們節哀順變。

〔建議〕：不僅是弔唁，其中如果有建設性的慰問，便能安慰其家人的心，尤其是在葬儀之後，對死者的安慰更是不可缺少。

「辛苦了，不過您的表現很得體。」「三天以來一直處在緊張狀態，很累吧！」諸如此類的詞句，如果能從內心去體會對方的心情，那麼，該說的事自然會流露出來。

⑦弔唁時的致詞應控制情緒

對多數人而言，要在衆人面前做一段悲傷的演講，是很棘手的事，如果投注太多感情容易流於矯情做作，因此最好是簡短而有精神，以與死者之間的往事、死者的優點等等，以這些爲重點來發表感言。

1. 惜別的話語。
2. 對於死者的回憶或死者生前的軼事。
3. 希望大家對死者的家屬多加照顧。

〔對友人的追悼〕

明源，你走的太早了，爲什麼那麼急著離我們遠去呢？

你一直都是我們的領導人，記得嗎？當我們踏入社會第七年，大家決定一起去旅行時，從旅館的預定到車票的購買，全部都是你一個人包辦的，後來，大家在旅途中談論彼此的工作情形，而你竟然是我們之中最忙碌的一位。也就是說，你是最早在事業上有所成就的人。你一直都是站在前面領導我們，激勵我們並指引我們的方向。

突然之間變得好寂寞，不過，我們會盡力幫助比我們更傷心千萬倍的家人。我們做朋友的所能做的事，也只是儘量給予你家人協助，你放心，這一點我們一定會做到，請你安眠吧！

〔建議〕：這是一篇極富感情的致詞，或許在座之中，也有人有同感。替眾多出席者表達自己的心情，即使是眞正的感情來說，也會被允許。不過，如果說話者沈溺於感情，而慌張失措的話，便有失禮節，而且對忍受悲傷的家人來說也不禮貌。

〔弔唁〕

你走得太突然，太匆促了，到現在我還不敢相信你已不在這個人世間。你那魁梧的體格和積極的工作態度，至今仍清晰地留在我的腦海裏。你忙於工作，東奔西跑，大概連慰勞自己都沒有時間吧！現在，我不禁想到了上次公司團體旅行時，酒量一向很好的你，竟最先醉倒了，嘴裏還唸著：「年紀大了……」。

一開口就嘮嘮叨叨個不停，對不起，還是不要講了！

我想，我會永遠記得你如太陽般的明朗個性和堅強毅力，請安息吧！

〔**建議**〕：像是在對死者說話一般，沈痛而致弔唁詞。

⑧新年時拜訪上司的應對禮節

安靜而自由的新年，重新安排「一年之計」，而要與上司共享新年特殊的氣氛，便應趁著新年期間到上司家拜訪。

像這類的拜訪，有人喜歡，有人卻不喜歡，所以多半在年底時，預先邀請，例如：「初一我們全家要團聚，初二來玩。」或者；「我已經請了小林和小陳初四來我家，你也一起嘛！」如果能事先詢問過意見，對於不喜歡這類應酬的人來說，因爲能事先知道，所以只需安心赴約即可。

拜訪上司時，應注意下列兩點：

1. 在其家屬面前恭維上司。

2.讚揚在背後輔佐上司的家屬。

對於忙著做菜、倒酒的上司夫人，如果完全不招呼，只是顧著拍上司的馬屁，反而會令上司感到失望。現今的社會，無論是哪一個家庭，夫妻彼此如果無法合作，絕對也無法招待別人到家裏。

到上司家不需準備任何特別的內容，只要誠心做好問候工作，然後聊些輕鬆的話題即可。

〔對上司〕

新年快樂，今年一樣請多多指教。

〔建議〕：開頭致詞仍以新年的話題爲主。

恭喜！恭喜！雖然今年我一直給您添麻煩，但是今年還是要請您多照顧。

〔建議〕：也有人說：「像我這麼笨拙的部屬……」等等，縱然自己很能幹，但是，能謙虛地說：「一直受您的照顧。」這樣的部屬還是比較可愛。

今年飲酒量要減少三分之一，給課長的麻煩也要儘量減少，取而代之的是，工作量及運動量要多增加一些。

新年快樂，課長。今年的主色是什麼顏色呢？我是玫瑰色系的。夢是玫瑰色的，代表一種完美的理想，也希望能早日找到我的白雪公主，請多多幫忙。

〔新年拜訪時——對上司的太太〕

恭喜！新年快樂！一直受到經理許多照顧，今後也請多多指教，謝謝！

⑨慶祝會上的致詞

能與大夥兒一同分享愉快及喜悅是最快樂的事了，像運動會、銷售比賽等，以團體爲單位來慶祝勝利的場合，應有當事者的意識，並表達自己身爲其中一員的愉悅之情。在工作上也是如此，像各營業單位銷售比賽或各部門的球類對抗賽等等，即使自己沒有參加，也應以當事人的身份表現出喜悅之情。

〔慶祝會的致詞——年輕人〕

恭喜！恭喜！好高興我們做到了！銷售量達到全工作第一，實在令人興奮。大家如果能認眞做，一定可以做到，眞感動！再次恭喜大家。

〔建議〕：勝利的滋味非常甜美，致詞時只要坦誠表達出內心的感受即可，驕傲最不可取。

〔慶祝會的致詞——管理人員〕

恭喜各位，也謝謝各位。多虧大家的合作才能完成這項工作，今後希望大家也能繼續保有這這種良好的團隊精神。

〔建議〕：致詞過於冗長且具說教意味，會使勝利的興奮之情減退，愈高明的人，演講也簡短有力。

⑩祝賀別人考試及格或錄取時的致詞

朋友的家人通過升學考試，或朋友本人通過各項考試等，近來各種資格考不斷增加，自然也就有種種不同的情況。

恭賀別人考試及格，一方面應承認當事人的努力，一方面則應給予讚美。如果是通過各種資格考試的場合，只要直接讚美本人的努力即可。其他例子則應注意下列幾點，比較容易讓人留下印象。

1. 以「有志者事竟成」的事實，承認其能力，並給予信心。

2. **決定目標，然後告知達到目標後的喜悅。**

3. **鼓勵本人今後應更加努力。**

上述幾點如果一次說完，當事人也許會認爲我們是在說教，所以，應由衷地稱讚對方之後，視時機選擇一、兩點致詞即可。

但是，特別需注意到一點，高中或大學聯考錄取時，近來有愈來愈多的母親不希望說出學校的名字。

家裏有考生的母親，到了七、八月時候，似乎彼此都很少聊天了。因爲她們不知道什麼時候會傷了對方，而且也不希望自己受傷害。雖然有些怪異，不過，最好還是不要隨便問起學校的名字等等。

〔錄取時的賀詞〕

您的兒子考上了吧！恭喜！是師大附中嗎？那眞是太好了，那是一所明星學校。我有一個朋友就是就讀那些高中，大學也上了好學校，他現在可是一家前途看好的公司的董事長了。

眞是恭喜您了。

〔建議〕：不要問：「考上哪裏了？」如果對方說出了校名，再接續應對之詞較爲妥當。

〔落榜時的慰問詞〕

是這樣嗎？眞可惜，不過，明年還要再試一次吧！有一年的時間可以好好衝刺，明年再好好加油，所謂大器晚成，你一定就是這一型的人。

〔建議〕：自然而有精神地鼓勵當事人。

您的孩子明年要聯考了吧！耐心地照顧他就好了。早考上也好，晚考上也好，無論一年或兩年不要放在心上。

〔建議〕：一年、兩年在一生當中不過是一小段時間而已。

⑪特殊日子裏的應對

一向很熟悉的朋友，過年這一天突然鄭重其事地打起招呼了。

過年的氣氛不但熱鬧而且與平日大異其趣，因爲平常大家都是不太注重時間過著千篇一律的上班族生活，只有這一天顯得比較特別，所以自然產生了差別。

正因爲這一點的特別，所以何妨利用這一天的氣氛來改善自己和他人的關係。

〔賀年會上與別人的應對〕

恭喜！恭喜！今年也請您多多指教。

今年的計劃進行得如何了？長期計劃及短期計劃都已經計劃好了吧！

我期待您的計劃，我們彼此加油吧！

〔建議〕：客氣地與人招呼。接著，留一些空檔，以「今年的計劃」這個話題接續下去。

新年快樂，又是新的一年，今年有什麼目標！該結婚了吧！差不多到時候了，像你這樣的人才應該不愁找不到對象吧！如果有需要的話，我可以幫你介紹介紹！

〔建議〕：近來，高齡單身貴族的人數逐漸增加，對於受到工作壓力的應對對象，應在不使他生氣的範圍內，讓對方放鬆精神。

第六章　與親友鄰居之間的問候語

①搬遷時對新居的問候與自我介紹

搬家是一件累人的事，才剛搬到新家連休息的功夫都沒有就必須去拜訪鄰居。

搬家後的拜訪鄰居行動，愈早展開愈好。如果可以的話，最好是在搬家當天，因爲卸下東西會產生繩子、紙箱等垃圾，該如何處理這些東西，可以趁著拜訪鄰居時順便打聽清楚。

俗語說：「遠親不如近鄰」，居住如此相近的家庭，今後無論如何總會有些來往，而且能注意到自己生活上細節並給予照顧的也是鄰居，所以問候的工作相當重要。

例如，倒垃圾、清掃水溝、下水道等事情，做得好就可以增進鄰居之間的感情，但是，相反地也可能演變成雙方反目成仇的局面。

因此，與鄰居之間愈早做禮貌上的問候愈好。

〔向鄰居問候〕

您好，敝姓李，剛搬到您們隔壁第三家。因爲剛搬來對附近的情況都不太熟悉，還請多多指教。

〔建議〕：爽朗而和悅地打招呼。

初次見面，您好。我是剛搬到七號的童承勳，請多多指教。

目前我在歌林公司的台北門市部服務，因爲我只有一個人住，垃圾雖然不是每天都要倒，不過還是得倒，可是我不能參與輪流值班的工作，尚請你們多多包涵、見諒！

【建議】：遷居的招呼不會有人擺著臭臉向新鄰居說：「請多多指教」，尤其是一個人獨居時，更應愼重地向鄰居拜訪問候。

②對舊鄰居的招呼

要離開已居住一段時間的地方而遷移他處時，也不要忘記向鄰居打聲招呼。

有些人若在購物時遇到鄰居，就會順便提一提搬家之事，也有人是搬走之後再寄上卡片致上問候之意。

但是，如果住得近的話，與其事後再寄信通知，不如事先打個招呼，感覺會更親切，尤其是要搬離很遠的地方仍應以儘早拜訪爲宜。

〔遷離時的應對〕

謝謝您們長期以來的照顧，這一次因爲要調職到台中市，所以月底我們就要搬家了。到台中市來玩時，歡迎您們來我家坐坐。

這裏可以說是我們的「第二故鄉」，因爲孩子在這裏出生也在這裏上學。雖然想一直住在這裏，不過因爲某種原因仍是得搬到台中去。

雖然遺憾，不過若把它想成自己擁有兩個故鄉，或許也算件好事。以後我們還會回來這裏玩，屆時還希望您們多多照顧，當然，您們到台中來時也請到寒舍接受我的招待。

〔建議〕：因不得已的理由而必須搬家時，也不應垂頭喪氣，儘量往好的方面想。

知道埔里這個地方嗎？

今年六月我們要搬到那裏去了，聽說那裏綠地多、水質好，夏天又涼爽。因爲我喜歡喝茶，所以水質好對我來說是最好不過了。

這次我們的新居是獨門獨戶，歡迎您們來玩，我一定泡壺好茶來招待您們。

〔**建議**〕：具體地說出愉快的事，那麼對方也會爲我們高興。

③拜訪親友時禮儀

近來由於電話的普及，拜訪親友的習慣也逐漸被人們淘汰了，究其原因，不外居住環境的改變，計劃式的生活以及個性化時代的來臨等等，因此，拜訪時預先通知對方成爲必要的社交禮儀。

事先通知再登門造訪也成爲一種時尚。

拜訪較親密的朋友，雖然不需拘泥於形式，不過還是應有所表示，以示區別。

〔**拜訪親戚朋友時**〕

好久不見了，不好意思，今天又要打擾您了。

〔**建議**〕：由問候語自然地導入交談。

對不起，打擾了。這眞是個好季節，庭院的樹木也都長高了呢？

〔**拜訪親密朋友時**〕

您好嗎？我還是老樣子，馬馬虎虎啦！

這房子不錯嘛！您眞是好運……您從以前就一直這麼幸運！

〔建議〕：找些話題來讚美對方，但是絕不能有酸葡萄的心理，簡單的幾句即可。

〔對朋友的孩子〕

長這麼大了，上次來時還是個孩子呢？還記得叔叔嗎？

你是姊姊吧！幾年級了？國中了，眞快，都比媽媽高了。

小強呢？六年級嗎？長大了，喜歡些什麼？

〔建議〕：藉著對小孩們的感情，自然流露出對友人懷念之情。

④送禮時附帶的問候語

東方人跟送禮似乎脫不了關係，俗語說：「禮多人不怪」，便是最佳的寫照。提到禮品，多半會使人想到百貨公司包裝精美的東西，無論是什麼，手工藝品也好，庭院裏栽培的花也好，只要是誠心的，收到禮物的人都會很高興。

禮品的選擇最好是以對方接受後不會感到負擔的東西爲主，送禮的一方應隨著問候同時送出禮物，猶豫不決反而會錯失良機。

〔攜帶禮品時的應對〕

您好，打擾了。這是一點小禮物請收下。

〔建議〕：打招呼的同時就將禮物送出。

謝謝您今天邀請我，我不客氣地就來打擾了，不好意思。這是家裏種的玫瑰，我想插起來一定很漂亮，所以帶來了，請笑納。

〔送禮物的方法〕

來，蠻大的東西，請您用雙手，好了嗎？放手喔！

哈哈……，是不是太輕了，嚇了一跳！這是海邊生長的海帶，是我們故鄉的特產。聽說有海潮才能生長，品質非常良好，請您們好好享用。

〔建議〕：如果是好朋友，不妨幽默些，如此對方不但能接受，印象也比較深刻。

這東西可是又重又堅固，也很溫暖喲！

是我的朋友費了一番功夫燒製的茶杯，你可要好好珍惜它。

還記得中學時同一年有位叫尤建中的同學，就是很喜歡畫畫，總是笑容滿面的那一位，記得吧！他現在從事陶瓷的製造，一份很踏實的工作。

如何！觸感不錯吧！

〔建議〕：從共有的朋友談起，讓談話的內容更來勁。

⑤探病時不宜久留

探病時應注意是在醫院或病患家中。

如果是在醫院，不要忽略了鄰床的病人。如果住院的是公司的同事或上司等等，接二連三的探病者，即使病人本人喜歡，卻也容易造成其他病人的困擾。

此外，如果因病人看來氣色很好，安心之餘便容易不知不覺中停留很久，無論如何，到醫院探病仍應儘速離開為宜。

到病人家中探病也一樣，最重要的是時間問題。

如果病人心情好，想找人聊天而挽留前來探病的人，這時訪客也要考慮到對方畢竟是個病人，不久就會呈現出疲態，所以不宜久留。

再者，即使是被挽留了，也應對減少病人休息時間一事表示歉意，短時間內就結束談話告辭。

探病時除了一般的問候，也不要忘了對病情的關心，問一聲：「感覺怎麼樣？」

〔探病的問候語〕

您好，您的氣色看起來好多了，我也放心多了，怎麼樣，現在感覺如何？

〔建議〕：不要只顧著自己說話，更重要探病人的傷勢及心情。

對不起，打擾您休息了。聽到您住院眞是嚇了一跳，自己不來看一看實在放不下心，所以來打擾。

怎麼樣？還好吧！氣色還不錯嘛！

嚇了一跳

〔建議〕：「您馬上就可以痊癒了」，像這一類的話應視情況而定，因爲有些病情是無法瞞住病人的，相反地，簡單的詞句反而能帶給病患安心感。

⑥慰問災變者的用句

對於遭受災變的朋友，在慰問中應清楚表示是發自內心的同情。

林小姐打翻了湯鍋，濺出來的湯汁輕微地燙傷了她的臉。

她的朋友歐小姐聽到了這件事說道：「不過，還好只是燙了一點傷，太好了！」一說完，林小姐的臉色立刻大變。

「人家受傷了你竟然還說好！」

歐小姐沒想到自己的話竟讓林小姐如此生氣，她驚訝不已。其實歐小姐本來是想說：如果湯鍋直接掉到妳身上，那麼燙傷的程度一定更嚴重，可是聽到林小姐說避開了湯鍋，所以說：「太好了！」

但是，歐小姐的確有疏忽之處，這時候應設身處地想到受害人的心情，如果歐小姐能注意這一點，應該說：「要小心啊！好危險喲！不過，幸虧您躲開，如果正面掉下來的話好就完蛋了。還好是輕傷，算是不幸中的大幸！」

要對遇害而受驚嚇的人表示同情並非易事，應注意下列幾點：

1. 對於遇害一事表示悲哀。
2. 讚揚對方臨危不亂的精神。
3. 對將來的光明前途給予期待。
4. 詢問是否有需要幫助之處。

〔慰問遇到災變的人〕

眞糟糕，這次的災害竟然如此嚴重！當時如果我在場的話，也許我只會在一旁窮緊張，什麼事也做不出來。而您的確表現得不錯，有臨危不亂的智慧。希望您凡事都能保持這樣的態度，我相信您一定可以做得很好。

此外，如果有什麼我能幫忙的，請儘管告訴我，千萬不要客氣，我一定盡力而爲。

〔建議〕：無論交情深淺，對於遇到災變的朋友，開頭的慰問語是不可或缺的。

⑦與孩子同學的父母交際時的問候

參加學校的活動，遇到孩子同學的父母時，應主動跟對方打招呼。同樣是有個同齡的孩子，想法及問題應該都很容易溝通。

當然，每個人孩子的成長個性都不儘相同，所以不應吹毛求疵，只需談一些對方可理解、同意的事即可。

從這些事談起，如果能誠摯地交談，那麼像母姊會等活動必定更有意義。

〔問候孩子同學的父母〕

您好，三班的嗎？敝姓張，小女也是三班的，多多指教。您的孩子是……是嗎？中學的小女生總是令人無法捉摸……。

※　※

您好，敝姓林。我的孩子是三班的，您的孩子呢？……喔！那麼是同班囉！請多多指教。您的孩子參加什麼社團？

〔建議〕：雙方父母交談時，小孩也必須溝通，因此親子之間對話絕不可或缺。

⑧委託鄰居看家及寄放東西時

想趁著暑假做個短期旅行時，不料妻子也要帶著兒女回娘家，這時只好跟鄰居打個招呼，委託他們留意一下，自己也安心多了。

「今晚隔壁的人好像都不在家，可是電燈卻亮著，他們平常門口燈總是亮著的，而今天卻只開客廳的燈，眞奇怪。」雖然心裏如此懷疑，但是因爲鄰居不曾交代，所以也就不加過問了，這便是現代典型的都會生活。

遇到這種情形最好還是向鄰居打個招呼，委託他們代爲留意門戶。對於被委託人來說，能夠受到委託是被信賴的証明，因此，能得到鄰居的信任並不會有人感到麻煩，況且，藉著拜託與被委託之間的關係，更能加深鄰居間彼此的情感。

不過有一點必須注意是，委託別人時不應讓對方感覺是個沈重的負擔，這一點在寄放東西時也應注意。

還有一種情況，小孩放學要回家了，卻臨時有事非出去不可，所以將鑰匙寄放鄰居間，因爲是臨時寄放，所以寄放之前應先詢問：「五點您在嗎？」這是一道理所當然的手續，如果因我們寄放東西而使得別人一整天無法出門，不但憑添別人的負擔，也將使日後的交往產生嫌隙，無法圓滿。

〔委託看家時〕

對不起，從明天起我們有五天不在家，如果有什麼事請幫我們留意一下。家裏的狗我已委託陳先生和他的狗一起照顧，請您不用操心。二十五日我們也許會很晚才到家，不過我們一定會趕回來，不在家的時候麻煩您們了。

〔建議〕：不一定每個人都喜愛寵物，所以最好將寵物寄放在養有同一種寵物的人家。

〔寄放鑰匙時〕

對不起，請問您晚上在家嗎？

（嗯，在啊！……各種不同的回答）

那麼，可不可以麻煩您一下，因爲母親突然住院，我現在必須趕去醫院一趟，待會兒小孩大約四點半左右會回來，麻煩您把鑰匙拿給他，可以嗎？

（嗯，沒問題……等等回答。）

那麼，勞駕您了，我已留好紙條在門口了……。

⑨給鄰居添麻煩時

投球打破了玻璃，噪音太大，狗跑進庭院等等，都會造成與鄰居間的摩擦。

遇到這種情形最好是直接說明，不過，大多數的人還是受到背後的批評，因此，在遭受惡意批評之前，最好平常見面就應找機會向對方道歉。

所謂先下手爲強，在這種劣勢下先開口招呼也是一種有效的方法。當然，這種事不是光用嘴巴說說即可。因爲孩子教養不好是父母親的責任，所以首先應從孩子的教養問題做起。不過，有時候即使教育沒有問題，可是由於孩子們玩得太盡興，吵鬧聲和打破玻璃等事也是難免的。

〔平常的招呼〕

您好，眞抱歉，家裏的小孩吵到您們，給您們添了不少麻煩，對不起。如果他們有什麼不對的地方，請您多多教導。我也告訴他們好多次了，可是因爲我無法老是盯住他們，請多多包涵。

〔建議〕：平時就能如此招呼的話，一旦有意外發生必可立即奏效。

〔孩子打破玻璃時〕

對不起，我馬上叫人來修理，眞的很抱歉。我想還是找同樣的玻璃比較好吧！我可以找人來修理，或是您有認識的玻璃店嗎？還是讓我找就好？

〔小孩打傷別人時〕

對不起，剛剛聽孩子告訴我，我嚇了一跳，傷得怎麼樣？嚴不嚴重？實在非常抱歉！我們家阿明說他們本來是在開玩笑，可是因爲被罵了難聽的話，所以就追趕起來了，因此您家的小皓才會在樓梯間摔倒了，阿明他絕對不是故意害小皓受傷的。實在沒想到會發生這種事情，我想您一定很擔心，眞是對不起……。

〔建議〕：無論有什麼理由，把人弄傷了總是理虧，一定要道歉，不過，對於事情發生的理由及背景也應仔細調查，冷靜地處理，不可一味地指責孩子。

⑩建造新屋或改建時的致歉詞

在狹隘的巷道中或擁擠的地區中建造新居，會使附近的鄰居憑添許多麻煩，因此絕對有事先通知的必要，而且應注意下列幾點，具體地表現出來：

1. **大約的工作天數。**
2. **將有大型車的出入。**
3. **噪音、塵土等污染問題。**

尤其是整棟房屋要拆建時，灰塵不但多且容易飛舞，所以最好不要開窗戶，還有洗好的衣物也應注意，能事先做好通知的工作才容易得到鄰居的諒解。

〔改建時的事先通知〕

對不起，明天我家就要開始翻建工程，大概要花三天的時間，雖然我們會加強注意，不過到時可能還是會一片塵土飛揚，實在很抱歉，希望您們能諒解。

此外，或許還會有很大的噪音，請您們多多包涵！

〔建議〕：這些事不應拜託業者代為轉達，還是親自致歉比較有誠意。

第七章　電話中的自我介紹及應對禮節

①電話通訊特性

電話交談與平常面對面的交談比較起來，更具備了各種特色。

如下頁的所列的表所述，電話具①立即性、②簡便性、③雙向性、④經濟性等許多好處，現今，電話的普及已是衆所周知，若能善加利用其優點，必能使通訊工作發展得迅速。

相反地，電話也有其缺點存在，電話通訊的進步與否，便在於克服其缺點的程度如何。

以下，便從「如何克服電話的負面作用」來談談電話交談的方法。

〔不速之客〕

常聽有人說：「電話是不請自來的訪客」或是「電話是一位隱形的訪客」換言之，因爲事先未通知突然造訪，常使人措手不及，所以，事先考慮到對方的立場絕對有其必要。

打電話人的自己先報上姓名以代替交換名片，受話的一方也以自報姓名的方式代替名片，這是理所當然的，此外，打電話的一方必須考慮受話者的情況，明白詢問對方：

「現在可以和你談談嗎？」

「只需三分鐘，跟我談談可以嗎？」

電話通訊的優缺點

〔優　點〕：

1.立即性——馬上可以得到聯繫。

能在瞬間與對方取得聯繫，從時間上來比較，電話可以說是最省時的通訊工具了。

2.簡便性——任何人都會使用。

省去麻煩的操作及手續，只需撥號即可通話，即使坐在家中也可達到聯絡的目的。

3.雙向性——能立刻知道對方的回答。

電話與電報及信件不同，它能立刻得知對方的答案，雙方能自由地交換意見。

4.經濟性——在家中即可使用，不但省掉交通，也節省了許多往返所花的時間。

〔缺　點〕：

1.未通知對方便來拜訪。

2.看不到對方的表情及狀況。

3.只靠聲音傳達意思。

4.無法留下記錄。

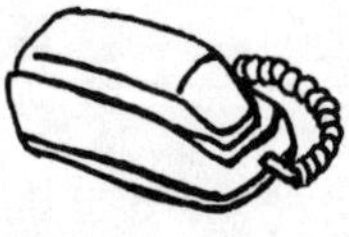

〔看不到對方的表情及狀況〕

在未確定對方身份之前，就以爲是平常交往的承辦人而滔滔不絕，結果對方竟是業務部的經理或董事長，嚇得直冒冷汗，像這種例子雖然是例外，不過正因爲電話上看不見對方，所以更應用心去溝通。

因爲看不見表情，因此如果以有氣無力的聲音交談，很容易讓人有勉強的感覺，所以充滿精神的語調絕對有其必要。

相反地，對於我們的要求，即使對方很隨和地應答，但事實上或許他們正板著臉孔生氣呢！

對於這些事情應多加用心。

〔只靠聲音傳達意思〕

對於同音異字或相近音也應注意。

像一和七，市立和私立，是和死，時代和世代，床和船，理髮和理法……等等，因爲只靠聲音容易聽錯，所以最好能對字詞加以說明。

〔無法留下記錄〕

因爲沒有記錄，所以雙方有可能爲了「說了」或「沒說」而爭論不休，因此有必要做個記錄或複誦一遍。

「我知道了，明天見，黃先生。」

「不，不是黃，是王。」

「您不是黃先生嗎？」

「不，是三横王，不是草頭黃。」

「對不起，三横王，王先生，是吧！」

人們通常在認定某件事之後便不再多加注意，而發音這件事，尤其是嘴巴的閉合，每個人都不儘相同，所以應仔細地加以確認。

說話者站在受話者的立場發言，而受話者也尊重說話者，認眞傾聽，即使如此也還是有發生誤會的可能，更何況是完全的不在乎呢！

②電話中約定事情的應對進退

通知初次見面的人即將登門造訪的工具必須仰賴電話。

如果是對一個素未謀面的人，電話上的應對將會影響到今後的往來交易，所以此時的自我介紹及問候禮節關係重大，應對的要點如下：

1. 明朗而愉快的聲音。

2. 對突然打電話打擾一事致歉。

3. 清楚告訴對方自己的姓名及所屬的公司。

4. 內容需簡單扼要。

5. 結束談話時應鄭重致謝。

〔經他人介紹的預約〕

趙：您好，我是三葉公司的趙一龍，您是馬經理嗎？對不起，很冒昧地打電話給您，我可以借用您一些時間談談嗎？

其實是富國營造廠的林先生介紹我打電話的，雖然不好意思打擾您，可是因爲一直很想跟您見個面，所以我打了這通電話，不知馬經理您是否方便見個面？

〔建議〕：用「我是三葉公司的趙一龍」比「三葉公司，趙一龍」更有禮貌

馬：下星期一早上九點我有個空檔……。

趙：是，下星期一，也就是七日早上九點，好的，謝謝您，那麼，七日早上九點見，我直接到經理辦公室可以嗎？

〔建議〕：重複一次時間以便互相確認。

馬：沒問題。

趙：好的，謝謝，那麼七日再登門拜訪您，打擾了

！

〔建議〕：即使是細節也不可忘記。

〔麻煩公司研修講師時的介紹〕

張：您好，我是中興電機的張志遠，請問李先生在家嗎？

李：喂，我是李再興。

張：我是中興電機總務室的張志遠，因爲公司要辦一次研習，所以想麻煩老師……。

〔建議〕：對方換人後需再做一次自我介紹，因爲對方也很忙碌，應立刻進入正題。

③用電話拜託別人時

電話裏因看不見對方，所以想拜託對方的事情很容易遭到拒絕，因此，通常有重要的委託事宜時，人們不會在電話上談。電話的功用多半以做爲事先的溝通及問候爲主，其餘則留待見面後再詳談。

委託時千萬不要讓對方有「單方面的要求」的感覺，而應使對方對自已產生親切感，事先簡短而誠懇地傳達消息，如此一來，委託的事情也就比較容易達成，其要點如下：

1. 感謝對方平日的照顧。

2. 談些對方關心的消息。

3. 暗示所委託事情的大致情形。

4. 依對方反應約定會晤的時間。

對方聽完電話雖然有意立刻著手，然而事情有輕重緩急，很多事情便如此在不知不覺中遺忘了，即使不是惡意，可是電話所委託的事項就常因此被延誤了。

無論如何，只靠電話就得到對方的承諾，這種情形只限於事情簡單而容易瞭解時，即使委託的事項非常簡單，也應寄資料給對方，以防日後對方以「沒聽見」的理由來搪塞。

〔委託參加研習的人選〕

感謝您長久以來的照顧，我是研究課的陳文忠。不久之後「說話方法」的研究又要開始了，這是各分店所要求學習的「對部屬更密切的指導體制」，爲了達到這個目的，我們所安排的第一階段。因此，希望能從您們的西區分店派出三名來參加。時間是九月中旬，預定是三天二夜。之後，預定每月依序對全部的課長實施，隨後我會送上正式的文書，請多多合作。

〔建議〕：開始的話中，如果能說些慰問的話，那麼對方便能放開心胸傾聽你說話。

〔出差的各種委託事宜〕

好久沒聯絡了，對不起，而且，每次給您電話都是麻煩您的……。其實是關於下個月出差到台南營業處辦事，現在田常董也要一起去了……。所以，希望剛剛用傳眞機傳過去的日程表能做個檢討，關於住宿和車子的問題，麻煩您多費心了……。

〔建議〕：因爲被預測爲複雜的內容，所以不可能只靠電話來聯絡。

④以電話表達謝意的禮節

委託的書信送達，收到禮物，受到照顧，多日不見再度重逢的喜悅……等等，以電話表達謝意，在我們日常生活中非常普遍。

在電話中的答謝詞多半是這樣的：

「先用電話跟您說聲謝謝，當然，見面之後一定要再好好地謝謝您……」

當然，有些時候是只靠電話就能解決問題的，不要認爲用電話來答謝就是輕率、不禮貌的表現，爲了顧慮到雙方的忙碌，在商場上用電話來解決問題的例子也愈來愈多。

當對方的地位或輩份較高，或者是接受了非常大的恩惠時，如果只用電話致謝似乎過於輕率，最好是在電話中先簡單地表達謝意，然後再鄭重地寫信道謝，此外，擔心無法傳達給本人知道時，寫封信也比較安心。

〔收受完成品的禮節〕

前些日子眞是麻煩您了。

今天我已收到成品，謝謝！今後還希望您多多指教，煩代爲向各位同事問好，謝謝！

〔建議〕：簡單也無妨，無論如何應儘早表達謝意。

〔收到禮物時〕

今天已收到了您寄來的香瓜，眞是不好意思……。我剛剛嚐了一些，不愧是原產地的，好香，連切起的感覺也不一樣呢！謝謝您這麼好的禮物，代我向大家問候一聲，謝謝！

〔建議〕：送禮的一方一定會擔心：「不知東西送到了沒？」或是：「不知他們喜不喜歡？」所以傳達感謝之意一事十分重要。

〔旅遊帶回來的土產品〕

前幾天我先生麻煩您們不少，現在還帶禮物送我們，實在不好意思。

我剛剛看了一下盆栽，聽說松樹的盆栽種植起來很費事，但您們卻能栽培得如此好，想必是花了不少功夫吧！

您們放心，我們一定會好好照顧它，謝謝！

專欄——傷腦筋時間⑤

■有外國朋友來時，該如何以英語問候？■

在國人出國人數日益增加的今天，到國內觀光的外國旅客也逐年增加，今後，在國內使用英文的機會也隨之增加，到那時候如果只會露出緊張的笑容，不知如何問候外國朋友，未免有失國家顏面。

對於外國朋友如果是初次見面，只需伸出手微笑地說"How do you do,Mr.Lee?"（您好，李先生。）即可。如果不知道對方姓名，也可以省去稱謂而以"(I'm)glad to meet you"或"(It's)nice to meet you."（很高興認識您。）的說法做接續，畢竟，最重要的仍是親切的語言。

此外，對於已認識的朋友通常以"Good morning! How are you?"（早安，您好！）最為常見，不過，較親密的朋友也可用"Hi！How are you doing?"（嗨！您好！）

然而，最近商業上美國友人常用的則是"How are you surviving (these days)?"（最近過得如何？）在忙碌的日子裏，摻雜些許幽默感互相激勵的問候如：「如何，過得不錯吧！」等，都是大家經常用到而耳熟能詳的應對辭句。

大展出版社有限公司	圖書目錄
地址：台北市北投區11204 致遠一路二段12巷1號 郵撥： 0166955～1	電話：(02) 8236031 8236033 傳眞：(02) 8272069

・法律專欄連載・電腦編號 58

台大法學院 法律學系／策劃
法律服務社／編著

①別讓您的權利睡著了1	200元
②別讓您的權利睡著了2	200元

・秘傳占卜系列・電腦編號 14

①手相術	淺野八郎著	150元
②人相術	淺野八郎著	150元
③西洋占星術	淺野八郎著	150元
④中國神奇占卜	淺野八郎著	150元
⑤夢判斷	淺野八郎著	150元
⑥前世、來世占卜	淺野八郎著	150元
⑦法國式血型學	淺野八郎著	150元
⑧靈感、符咒學	淺野八郎著	150元
⑨紙牌占卜學	淺野八郎著	150元
⑩ＥＳＰ超能力占卜	淺野八郎著	150元
⑪猶太數的秘術	淺野八郎著	150元
⑫新心理測驗	淺野八郎著	160元
⑬塔羅牌預言秘法	淺野八郎著	200元

・趣味心理講座・電腦編號 15

①性格測驗１	探索男與女	淺野八郎著	140元
②性格測驗２	透視人心奧秘	淺野八郎著	140元
③性格測驗３	發現陌生的自己	淺野八郎著	140元
④性格測驗４	發現你的真面目	淺野八郎著	140元
⑤性格測驗５	讓你們吃驚	淺野八郎著	140元
⑥性格測驗６	洞穿心理盲點	淺野八郎著	140元
⑦性格測驗７	探索對方心理	淺野八郎著	140元
⑧性格測驗８	由吃認識自己	淺野八郎著	160元

⑨性格測驗9　戀愛知多少　淺野八郎著　160元
⑩性格測驗10　由裝扮瞭解人心　淺野八郎著　160元
⑪性格測驗11　敲開內心玄機　淺野八郎著　140元
⑫性格測驗12　透視你的未來　淺野八郎著　160元
⑬血型與你的一生　淺野八郎著　160元
⑭趣味推理遊戲　淺野八郎著　160元
⑮行為語言解析　淺野八郎著　160元

・婦 幼 天 地・電腦編號16

①八萬人減肥成果　黃靜香譯　180元
②三分鐘減肥體操　楊鴻儒譯　150元
③窈窕淑女美髮秘訣　柯素娥譯　130元
④使妳更迷人　成　玉譯　130元
⑤女性的更年期　官舒妍編譯　160元
⑥胎內育兒法　李玉瓊編譯　150元
⑦早產兒袋鼠式護理　唐岱蘭譯　200元
⑧初次懷孕與生產　婦幼天地編譯組　180元
⑨初次育兒12個月　婦幼天地編譯組　180元
⑩斷乳食與幼兒食　婦幼天地編譯組　180元
⑪培養幼兒能力與性向　婦幼天地編譯組　180元
⑫培養幼兒創造力的玩具與遊戲　婦幼天地編譯組　180元
⑬幼兒的症狀與疾病　婦幼天地編譯組　180元
⑭腿部苗條健美法　婦幼天地編譯組　180元
⑮女性腰痛別忽視　婦幼天地編譯組　150元
⑯舒展身心體操術　李玉瓊編譯　130元
⑰三分鐘臉部體操　趙薇妮著　160元
⑱生動的笑容表情術　趙薇妮著　160元
⑲心曠神怡減肥法　川津祐介著　130元
⑳內衣使妳更美麗　陳玄茹譯　130元
㉑瑜伽美姿美容　黃靜香編著　180元
㉒高雅女性裝扮學　陳珮玲譯　180元
㉓蠶糞肌膚美顏法　坂梨秀子著　160元
㉔認識妳的身體　李玉瓊譯　160元
㉕產後恢復苗條體態　居理安・芙萊喬著　200元
㉖正確護髮美容法　山崎伊久江著　180元
㉗安琪拉美姿養生學　安琪拉蘭斯博瑞著　180元
㉘女體性醫學剖析　增田豐著　220元
㉙懷孕與生產剖析　岡部綾子著　180元
㉚斷奶後的健康育兒　東城百合子著　220元
㉛引出孩子幹勁的責罵藝術　多湖輝著　170元

㉜培養孩子獨立的藝術	多湖輝著	170元
㉝子宮肌瘤與卵巢囊腫	陳秀琳編著	180元
㉞下半身減肥法	納他夏・史達賓著	180元
㉟女性自然美容法	吳雅菁編著	180元
㊱再也不發胖	池園悅太郎著	170元
㊲生男生女控制術	中垣勝裕著	220元
㊳使妳的肌膚更亮麗	楊 皓編著	170元
㊴臉部輪廓變美	芝崎義夫著	180元
㊵斑點、皺紋自己治療	高須克彌著	180元
㊶面皰自己治療	伊藤雄康著	180元
㊷隨心所欲瘦身冥想法	原久子著	180元
㊸胎兒革命	鈴木丈織著	180元
㊹NS磁氣平衡法塑造窈窕奇蹟	古屋和江著	180元
㊺享瘦從腳開始	山田陽子著	180元
㊻小改變瘦4公斤	宮本裕子著	180元

・青 春 天 地・電腦編號 17

①A血型與星座	柯素娥編譯	160元
②B血型與星座	柯素娥編譯	160元
③O血型與星座	柯素娥編譯	160元
④AB血型與星座	柯素娥編譯	120元
⑤青春期性教室	呂貴嵐編譯	130元
⑥事半功倍讀書法	王毅希編譯	150元
⑦難解數學破題	宋釗宜編譯	130元
⑧速算解題技巧	宋釗宜編譯	130元
⑨小論文寫作秘訣	林顯茂編譯	120元
⑪中學生野外遊戲	熊谷康編著	120元
⑫恐怖極短篇	柯素娥編譯	130元
⑬恐怖夜話	小毛驢編譯	130元
⑭恐怖幽默短篇	小毛驢編譯	120元
⑮黑色幽默短篇	小毛驢編譯	120元
⑯靈異怪談	小毛驢編譯	130元
⑰錯覺遊戲	小毛驢編譯	130元
⑱整人遊戲	小毛驢編著	150元
⑲有趣的超常識	柯素娥編譯	130元
⑳哦！原來如此	林慶旺編譯	130元
㉑趣味競賽100種	劉名揚編譯	120元
㉒數學謎題入門	宋釗宜編譯	150元
㉓數學謎題解析	宋釗宜編譯	150元
㉔透視男女心理	林慶旺編譯	120元

㉕少女情懷的自白	李桂蘭編譯	120元
㉖由兄弟姊妹看命運	李玉瓊編譯	130元
㉗趣味的科學魔術	林慶旺編譯	150元
㉘趣味的心理實驗室	李燕玲編譯	150元
㉙愛與性心理測驗	小毛驢編譯	130元
㉚刑案推理解謎	小毛驢編譯	130元
㉛偵探常識推理	小毛驢編譯	130元
㉜偵探常識解謎	小毛驢編譯	130元
㉝偵探推理遊戲	小毛驢編譯	130元
㉞趣味的超魔術	廖玉山編著	150元
㉟趣味的珍奇發明	柯素娥編著	150元
㊱登山用具與技巧	陳瑞菊編著	150元

•健 康 天 地• 電腦編號 18

①壓力的預防與治療	柯素娥編譯	130元
②超科學氣的魔力	柯素娥編譯	130元
③尿療法治病的神奇	中尾良一著	130元
④鐵證如山的尿療法奇蹟	廖玉山譯	120元
⑤一日斷食健康法	葉慈容編譯	150元
⑥胃部強健法	陳炳崑譯	120元
⑦癌症早期檢查法	廖松濤譯	160元
⑧老人痴呆症防止法	柯素娥編譯	130元
⑨松葉汁健康飲料	陳麗芬編譯	130元
⑩揉肚臍健康法	永井秋夫著	150元
⑪過勞死、猝死的預防	卓秀貞編譯	130元
⑫高血壓治療與飲食	藤山順豐著	150元
⑬老人看護指南	柯素娥編譯	150元
⑭美容外科淺談	楊啟宏著	150元
⑮美容外科新境界	楊啟宏著	150元
⑯鹽是天然的醫生	西英司郎著	140元
⑰年輕十歲不是夢	梁瑞麟譯	200元
⑱茶料理治百病	桑野和民著	180元
⑲綠茶治病寶典	桑野和民著	150元
⑳杜仲茶養顏減肥法	西田博著	150元
㉑蜂膠驚人療效	瀨長良三郎著	180元
㉒蜂膠治百病	瀨長良三郎著	180元
㉓醫藥與生活	鄭炳全著	180元
㉔鈣長生寶典	落合敏著	180元
㉕大蒜長生寶典	木下繁太郎著	160元
㉖居家自我健康檢查	石川恭三著	160元

㉗永恒的健康人生	李秀鈴譯	200元
㉘大豆卵磷脂長生寶典	劉雪卿譯	150元
㉙芳香療法	梁艾琳譯	160元
㉚醋長生寶典	柯素娥譯	180元
㉛從星座透視健康	席拉・吉蒂斯著	180元
㉜愉悅自在保健學	野本二士夫著	160元
㉝裸睡健康法	丸山淳士等著	160元
㉞糖尿病預防與治療	藤田順豐著	180元
㉟維他命長生寶典	菅原明子著	180元
㊱維他命C新效果	鐘文訓編	150元
㊲手、腳病理按摩	堤芳朗著	160元
㊳AIDS瞭解與預防	彼得塔歇爾著	180元
㊴甲殼質殼聚糖健康法	沈永嘉譯	160元
㊵神經痛預防與治療	木下眞男著	160元
㊶室內身體鍛鍊法	陳炳崑編著	160元
㊷吃出健康藥膳	劉大器編著	180元
㊸自我指壓術	蘇燕謀編著	160元
㊹紅蘿蔔汁斷食療法	李玉瓊編著	150元
㊺洗心術健康秘法	竺翠萍編譯	170元
㊻枇杷葉健康療法	柯素娥編譯	180元
㊼抗衰血癒	楊啟宏著	180元
㊽與癌搏鬥記	逸見政孝著	180元
㊾冬蟲夏草長生寶典	高橋義博著	170元
㊿痔瘡・大腸疾病先端療法	宮島伸宜著	180元
51膠布治癒頑固慢性病	加瀨建造著	180元
52芝麻神奇健康法	小林貞作著	170元
53香煙能防止癡呆？	高田明和著	180元
54穀菜食治癌療法	佐藤成志著	180元
55貼藥健康法	松原英多著	180元
56克服癌症調和道呼吸法	帶津良一著	180元
57Ｂ型肝炎預防與治療	野村喜重郎著	180元
58青春永駐養生導引術	早島正雄著	180元
59改變呼吸法創造健康	原久子著	180元
60荷爾蒙平衡養生秘訣	出村博著	180元
61水美肌健康法	井戶勝富著	170元
62認識食物掌握健康	廖梅珠編著	170元
63痛風劇痛消除法	鈴木吉彥著	180元
64酸莖菌驚人療效	上田明彥著	180元
65大豆卵磷脂治現代病	神津健一著	200元
66時辰療法——危險時刻凌晨４時	呂建強等著	180元
67自然治癒力提升法	帶津良一著	180元

⑱巧妙的氣保健法	藤平墨子著	180元
⑲治癒C型肝炎	熊田博光著	180元
⑳肝臟病預防與治療	劉名揚編著	180元
㉑腰痛平衡療法	荒井政信著	180元
㉒根治多汗症、狐臭	稻葉益巳著	220元
㉓40歲以後的骨質疏鬆症	沈永嘉譯	180元
㉔認識中藥	松下一成著	180元
㉕認識氣的科學	佐佐木茂美著	180元
㉖我戰勝了癌症	安田伸著	180元
㉗斑點是身心的危險信號	中野進著	180元
㉘艾波拉病毒大震撼	玉川重德著	180元
㉙重新還我黑髮	桑名隆一郎著	180元
⑳身體節律與健康	林博史著	180元
㉛生薑治萬病	石原結實著	180元
㉜靈芝治百病	陳瑞東著	180元
㉝木炭驚人的威力	大槻彰著	200元
㉞認識活性氧	井土貴司著	180元
㉟深海鮫治百病	廖玉山編著	180元
㊱神奇的蜂王乳	井上丹治著	180元

•實用女性學講座•電腦編號 19

①解讀女性內心世界	島田一男著	150元
②塑造成熟的女性	島田一男著	150元
③女性整體裝扮學	黃靜香編著	180元
④女性應對禮儀	黃靜香編著	180元
⑤女性婚前必修	小野十傳著	200元
⑥徹底瞭解女人	田口二州著	180元
⑦拆穿女性謊言88招	島田一男著	200元
⑧解讀女人心	島田一男著	200元
⑨俘獲女性絕招	志賀貢著	200元

•校園系列•電腦編號 20

①讀書集中術	多湖輝著	150元
②應考的訣竅	多湖輝著	150元
③輕鬆讀書贏得聯考	多湖輝著	150元
④讀書記憶秘訣	多湖輝著	150元
⑤視力恢復！超速讀術	江錦雲譯	180元
⑥讀書36計	黃柏松編著	180元
⑦驚人的速讀術	鐘文訓編著	170元

⑧學生課業輔導良方	多湖輝著	180元
⑨超速讀超記憶法	廖松濤編著	180元
⑩速算解題技巧	宋釗宜編著	200元
⑪看圖學英文	陳炳崑編著	200元

・實用心理學講座・電腦編號 21

①拆穿欺騙伎倆	多湖輝著	140元
②創造好構想	多湖輝著	140元
③面對面心理術	多湖輝著	160元
④偽裝心理術	多湖輝著	140元
⑤透視人性弱點	多湖輝著	140元
⑥自我表現術	多湖輝著	180元
⑦不可思議的人性心理	多湖輝著	180元
⑧催眠術入門	多湖輝著	150元
⑨責罵部屬的藝術	多湖輝著	150元
⑩精神力	多湖輝著	150元
⑪厚黑說服術	多湖輝著	150元
⑫集中力	多湖輝著	150元
⑬構想力	多湖輝著	150元
⑭深層心理術	多湖輝著	160元
⑮深層語言術	多湖輝著	160元
⑯深層說服術	多湖輝著	180元
⑰掌握潛在心理	多湖輝著	160元
⑱洞悉心理陷阱	多湖輝著	180元
⑲解讀金錢心理	多湖輝著	180元
⑳拆穿語言圈套	多湖輝著	180元
㉑語言的內心玄機	多湖輝著	180元
㉒積極力	多湖輝著	180元

・超現實心理講座・電腦編號 22

①超意識覺醒法	詹蔚芬編譯	130元
②護摩秘法與人生	劉名揚編譯	130元
③秘法！超級仙術入門	陸　明譯	150元
④給地球人的訊息	柯素娥編著	150元
⑤密教的神通力	劉名揚編著	130元
⑥神秘奇妙的世界	平川陽一著	180元
⑦地球文明的超革命	吳秋嬌譯	200元
⑧力量石的秘密	吳秋嬌譯	180元
⑨超能力的靈異世界	馬小莉譯	200元

⑩逃離地球毀滅的命運	吳秋嬌譯	200元
⑪宇宙與地球終結之謎	南山宏著	200元
⑫驚世奇功揭秘	傅起鳳著	200元
⑬啟發身心潛力心象訓練法	栗田昌裕著	180元
⑭仙道術遁甲法	高藤聰一郎著	220元
⑮神通力的秘密	中岡俊哉著	180元
⑯仙人成仙術	高藤聰一郎著	200元
⑰仙道符咒氣功法	高藤聰一郎著	220元
⑱仙道風水術尋龍法	高藤聰一郎著	200元
⑲仙道奇蹟超幻像	高藤聰一郎著	200元
⑳仙道鍊金術房中法	高藤聰一郎著	200元
㉑奇蹟超醫療治癒難病	深野一幸著	220元
㉒揭開月球的神秘力量	超科學研究會	180元
㉓西藏密教奧義	高藤聰一郎著	250元
㉔改變你的夢術入門	高藤聰一郎著	250元

・養 生 保 健・電腦編號 23

①醫療養生氣功	黃孝寬著	250元
②中國氣功圖譜	余功保著	230元
③少林醫療氣功精粹	井玉蘭著	250元
④龍形實用氣功	吳大才等著	220元
⑤魚戲增視強身氣功	宮 嬰著	220元
⑥嚴新氣功	前新培金著	250元
⑦道家玄牝氣功	張 章著	200元
⑧仙家秘傳袪病功	李遠國著	160元
⑨少林十大健身功	秦慶豐著	180元
⑩中國自控氣功	張明武著	250元
⑪醫療防癌氣功	黃孝寬著	250元
⑫醫療強身氣功	黃孝寬著	250元
⑬醫療點穴氣功	黃孝寬著	250元
⑭中國八卦如意功	趙維漢著	180元
⑮正宗馬禮堂養氣功	馬禮堂著	420元
⑯秘傳道家筋經內丹功	王慶餘著	280元
⑰三元開慧功	辛桂林著	250元
⑱防癌治癌新氣功	郭 林著	180元
⑲禪定與佛家氣功修煉	劉天君著	200元
⑳顛倒之術	梅自強著	360元
㉑簡明氣功辭典	吳家駿編	360元
㉒八卦三合功	張全亮著	230元
㉓朱砂掌健身養生功	楊 永著	250元

㉔抗老功	陳九鶴著	230元

・社會人智囊・電腦編號 24

①糾紛談判術	清水增三著	160元
②創造關鍵術	淺野八郎著	150元
③觀人術	淺野八郎著	180元
④應急詭辯術	廖英迪編著	160元
⑤天才家學習術	木原武一著	160元
⑥猫型狗式鑑人術	淺野八郎著	180元
⑦逆轉運掌握術	淺野八郎著	180元
⑧人際圓融術	澀谷昌三著	160元
⑨解讀人心術	淺野八郎著	180元
⑩與上司水乳交融術	秋元隆司著	180元
⑪男女心態定律	小田晉著	180元
⑫幽默說話術	林振輝編著	200元
⑬人能信賴幾分	淺野八郎著	180元
⑭我一定能成功	李玉瓊譯	180元
⑮獻給青年的嘉言	陳蒼杰譯	180元
⑯知人、知面、知其心	林振輝編著	180元
⑰塑造堅強的個性	坂上肇著	180元
⑱爲自己而活	佐藤綾子著	180元
⑲未來十年與愉快生活有約	船井幸雄著	180元
⑳超級銷售話術	杜秀卿譯	180元
㉑感性培育術	黃靜香編著	180元
㉒公司新鮮人的禮儀規範	蔡媛惠譯	180元
㉓傑出職員鍛鍊術	佐佐木正著	180元
㉔面談獲勝戰略	李芳黛譯	180元
㉕金玉良言撼人心	森純大著	180元
㉖男女幽默趣典	劉華亭編著	180元
㉗機智說話術	劉華亭編著	180元
㉘心理諮商室	柯素娥譯	180元
㉙如何在公司崢嶸頭角	佐佐木正著	180元
㉚機智應對術	李玉瓊編著	200元
㉛克服低潮良方	坂野雄二著	180元
㉜智慧型說話技巧	沈永嘉編著	180元
㉝記憶力、集中力增進術	廖松濤編著	180元
㉞女職員培育術	林慶旺編著	180元
㉟自我介紹與社交禮儀	柯素娥編著	180元
㊱積極生活創幸福	田中真澄著	180元
㊲妙點子超構想	多湖輝著	180元

・精 選 系 列・電腦編號25

①毛澤東與鄧小平	渡邊利夫等著	280元
②中國大崩裂	江戶介雄著	180元
③台灣・亞洲奇蹟	上村幸治著	220元
④7-ELEVEN高盈收策略	國友隆一著	180元
⑤台灣獨立（新・中國日本戰爭一）	森　詠著	200元
⑥迷失中國的末路	江戶雄介著	220元
⑦2000年5月全世界毀滅	紫藤甲子男著	180元
⑧失去鄧小平的中國	小島朋之著	220元
⑨世界史爭議性異人傳	桐生操著	200元
⑩淨化心靈享人生	松濤弘道著	220元
⑪人生心情診斷	賴藤和寬著	220元
⑫中美大決戰	檜山良昭著	220元
⑬黃昏帝國美國	莊雯琳譯	220元
⑭兩岸衝突（新・中國日本戰爭二）	森　詠著	220元
⑮封鎖台灣（新・中國日本戰爭三）	森　詠著	220元
⑯中國分裂（新・中國日本戰爭四）	森　詠著	220元

・運 動 遊 戲・電腦編號26

①雙人運動	李玉瓊譯	160元
②愉快的跳繩運動	廖玉山譯	180元
③運動會項目精選	王佑京譯	150元
④肋木運動	廖玉山譯	150元
⑤測力運動	王佑宗譯	150元

・休 閒 娛 樂・電腦編號27

①海水魚飼養法	田中智浩著	300元
②金魚飼養法	曾雪玫譯	250元
③熱門海水魚	毛利匡明著	480元
④愛犬的教養與訓練	池田好雄著	250元
⑤狗教養與疾病	杉浦哲著	220元
⑥小動物養育技巧	三上昇著	300元

・銀髮族智慧學・電腦編號28

①銀髮六十樂逍遙	多湖輝著	170元
②人生六十反年輕	多湖輝著	170元

③六十歲的決斷	多湖輝著	170元
④銀髮族健身指南	孫瑞台編著	250元

・飲 食 保 健・電腦編號 29

①自己製作健康茶	大海淳著	220元
②好吃、具藥效茶料理	德永睦子著	220元
③改善慢性病健康藥草茶	吳秋嬌譯	200元
④藥酒與健康果菜汁	成玉編著	250元
⑤家庭保健養生湯	馬汴梁編著	220元
⑥降低膽固醇的飲食	早川和志著	200元
⑦女性癌症的飲食	女子營養大學	280元
⑧痛風者的飲食	女子營養大學	280元
⑨貧血者的飲食	女子營養大學	280元
⑩高脂血症者的飲食	女子營養大學	280元

・家庭醫學保健・電腦編號 30

①女性醫學大全	雨森良彥著	380元
②初為人父育兒寶典	小瀧周曹著	220元
③性活力強健法	相建華著	220元
④30歲以上的懷孕與生產	李芳黛編著	220元
⑤舒適的女性更年期	野末悅子著	200元
⑥夫妻前戲的技巧	笠井寬司著	200元
⑦病理足穴按摩	金慧明著	220元
⑧爸爸的更年期	河野孝旺著	200元
⑨橡皮帶健康法	山田晶著	180元
⑩33天健美減肥	相建華等著	180元
⑪男性健美入門	孫玉祿編著	180元
⑫強化肝臟秘訣	主婦の友社編	200元
⑬了解藥物副作用	張果馨譯	200元
⑭女性醫學小百科	松山榮吉著	200元
⑮左轉健康法	龜田修等著	200元
⑯實用天然藥物	鄭炳全編著	260元
⑰神秘無痛平衡療法	林宗駛著	180元
⑱膝蓋健康法	張果馨譯	180元
⑲針灸治百病	葛書翰著	250元
⑳異位性皮膚炎治癒法	吳秋嬌譯	220元
㉑禿髮白髮預防與治療	陳炳崑編著	180元
㉒埃及皇宮菜健康法	飯森薰著	200元
㉓肝臟病安心治療	上野幸久著	220元

㉔耳穴治百病	陳抗美等著	250元
㉕高效果指壓法	五十嵐康彥著	200元
㉖瘦水、胖水	鈴木園子著	200元
㉗手針新療法	朱振華著	200元
㉘香港腳預防與治療	劉小惠譯	200元
㉙智慧飲食吃出健康	柯富陽編著	200元
㉚牙齒保健法	廖玉山編著	200元

・超經營新智慧・電腦編號 31

①躍動的國家越南	林雅倩譯	250元
②甦醒的小龍菲律賓	林雅倩譯	220元

・心 靈 雅 集・電腦編號 00

①禪言佛語看人生	松濤弘道著	180元
②禪密教的奧秘	葉逯謙譯	120元
③觀音大法力	田口日勝著	120元
④觀音法力的大功德	田口日勝著	120元
⑤達摩禪106智慧	劉華亭編譯	220元
⑥有趣的佛教研究	葉逯謙編譯	170元
⑦夢的開運法	蕭京凌譯	130元
⑧禪學智慧	柯素娥編譯	130元
⑨女性佛教入門	許俐萍譯	110元
⑩佛像小百科	心靈雅集編譯組	130元
⑪佛教小百科趣談	心靈雅集編譯組	120元
⑫佛教小百科漫談	心靈雅集編譯組	150元
⑬佛教知識小百科	心靈雅集編譯組	150元
⑭佛學名言智慧	松濤弘道著	220元
⑮釋迦名言智慧	松濤弘道著	220元
⑯活人禪	平田精耕著	120元
⑰坐禪入門	柯素娥編譯	150元
⑱現代禪悟	柯素娥編譯	130元
⑲道元禪師語錄	心靈雅集編譯組	130元
⑳佛學經典指南	心靈雅集編譯組	130元
㉑何謂「生」 阿含經	心靈雅集編譯組	150元
㉒一切皆空 般若心經	心靈雅集編譯組	150元
㉓超越迷惘 法句經	心靈雅集編譯組	180元
㉔開拓宇宙觀 華嚴經	心靈雅集編譯組	180元
㉕真實之道 法華經	心靈雅集編譯組	130元
㉖自由自在 涅槃經	心靈雅集編譯組	130元

㉗沈默的教示　維摩經	心靈雅集編譯組	150元
㉘開通心眼　佛語佛戒	心靈雅集編譯組	130元
㉙揭秘寶庫　密教經典	心靈雅集編譯組	180元
㉚坐禪與養生	廖松濤譯	110元
㉛釋尊十戒	柯素娥編譯	120元
㉜佛法與神通	劉欣如編著	120元
㉝悟（正法眼藏的世界）	柯素娥編譯	120元
㉞只管打坐	劉欣如編著	120元
㉟喬答摩・佛陀傳	劉欣如編著	120元
㊱唐玄奘留學記	劉欣如編著	120元
㊲佛教的人生觀	劉欣如編譯	110元
㊳無門關（上卷）	心靈雅集編譯組	150元
㊴無門關（下卷）	心靈雅集編譯組	150元
㊵業的思想	劉欣如編著	130元
㊶佛法難學嗎	劉欣如著	140元
㊷佛法實用嗎	劉欣如著	140元
㊸佛法殊勝嗎	劉欣如著	140元
㊹因果報應法則	李常傳編	180元
㊺佛教醫學的奧秘	劉欣如編著	150元
㊻紅塵絕唱	海　若著	130元
㊼佛教生活風情	洪丕謨、姜玉珍著	220元
㊽行住坐臥有佛法	劉欣如著	160元
㊾起心動念是佛法	劉欣如著	160元
㊿四字禪語	曹洞宗青年會	200元
51妙法蓮華經	劉欣如編著	160元
52根本佛教與大乘佛教	葉作森編	180元
53大乘佛經	定方晟著	180元
54須彌山與極樂世界	定方晟著	180元
55阿闍世的悟道	定方晟著	180元
56金剛經的生活智慧	劉欣如著	180元

・經　營　管　理・電腦編號 01

◎創新經營管理六十六大計（精）	蔡弘文編	780元
①如何獲取生意情報	蘇燕謀譯	110元
②經濟常識問答	蘇燕謀譯	130元
④台灣商戰風雲錄	陳中雄著	120元
⑤推銷大王秘錄	原一平著	180元
⑥新創意・賺大錢	王家成譯	90元
⑦工廠管理新手法	琪　輝著	120元
⑨經營參謀	柯順隆譯	120元

⑩美國實業24小時	柯順隆譯	80元
⑪撼動人心的推銷法	原一平著	150元
⑫高竿經營法	蔡弘文編	120元
⑬如何掌握顧客	柯順隆譯	150元
⑰一流的管理	蔡弘文編	150元
⑱外國人看中韓經濟	劉華亭譯	150元
⑳突破商場人際學	林振輝編著	90元
㉒如何使女人打開錢包	林振輝編著	100元
㉔小公司經營策略	王嘉誠著	160元
㉕成功的會議技巧	鐘文訓編譯	100元
㉖新時代老闆學	黃柏松編著	100元
㉗如何創造商場智囊團	林振輝編譯	150元
㉘十分鐘推銷術	林振輝編譯	180元
㉙五分鐘育才	黃柏松編譯	100元
㉝自我經濟學	廖松濤編譯	100元
㉞一流的經營	陶田生編著	120元
㉟女性職員管理術	王昭國編譯	120元
㊱ＩＢＭ的人事管理	鐘文訓編譯	150元
㊲現代電腦常識	王昭國編譯	150元
㊳電腦管理的危機	鐘文訓編譯	120元
㊴如何發揮廣告效果	王昭國編譯	150元
㊵最新管理技巧	王昭國編譯	150元
㊶一流推銷術	廖松濤編譯	150元
㊷包裝與促銷技巧	王昭國編譯	130元
㊸企業王國指揮塔	松下幸之助著	120元
㊹企業精銳兵團	松下幸之助著	120元
㊺企業人事管理	松下幸之助著	100元
㊻華僑經商致富術	廖松濤編譯	130元
㊼豐田式銷售技巧	廖松濤編譯	180元
㊽如何掌握銷售技巧	王昭國編著	130元
㊿洞燭機先的經營	鐘文訓編譯	150元
52新世紀的服務業	鐘文訓編譯	100元
53成功的領導者	廖松濤編譯	120元
54女推銷員成功術	李玉瓊編譯	130元
55ＩＢＭ人才培育術	鐘文訓編譯	100元
56企業人自我突破法	黃琪輝編著	150元
58財富開發術	蔡弘文編著	130元
59成功的店舖設計	鐘文訓編著	150元
61企管回春法	蔡弘文編著	130元
62小企業經營指南	鐘文訓編譯	100元
63商場致勝名言	鐘文訓編譯	150元

⑭迎接商業新時代	廖松濤編譯	100元
⑯新手股票投資入門	何朝乾　編	200元
⑰上揚股與下跌股	何朝乾編譯	180元
⑱股票速成學	何朝乾編譯	200元
⑲理財與股票投資策略	黃俊豪編著	180元
⑳黃金投資策略	黃俊豪編著	180元
㉑厚黑管理學	廖松濤編譯	180元
㉒股市致勝格言	呂梅莎編譯	180元
㉓透視西武集團	林谷燁編譯	150元
㉖巡迴行銷術	陳蒼杰譯	150元
㉗推銷的魔術	王嘉誠譯	120元
㉘60秒指導部屬	周蓮分編譯	150元
㉙精銳女推銷員特訓	李玉瓊編譯	130元
⑳企劃、提案、報告圖表的技巧	鄭　汶　譯	180元
㉑海外不動產投資	許達守編譯	150元
㉒八百件的世界策略	李玉瓊譯	150元
㉓服務業品質管理	吳宜芬譯	180元
㉔零庫存銷售	黃東謙編譯	150元
㉕三分鐘推銷管理	劉名揚編譯	150元
㉖推銷大王奮鬥史	原一平著	150元
㉗豐田汽車的生產管理	林谷燁編譯	150元

・成功寶庫・電腦編號02

①上班族交際術	江森滋著	100元
②拍馬屁訣竅	廖玉山編譯	110元
④聽話的藝術	歐陽輝編譯	110元
⑨求職轉業成功術	陳　義編著	110元
⑩上班族禮儀	廖玉山編著	120元
⑪接近心理學	李玉瓊編著	100元
⑫創造自信的新人生	廖松濤編著	120元
⑮神奇瞬間瞑想法	廖松濤編譯	100元
⑯人生成功之鑰	楊意苓編著	150元
⑲給企業人的諍言	鐘文訓編著	120元
⑳企業家自律訓練法	陳　義編譯	100元
㉑上班族妖怪學	廖松濤編著	100元
㉒猶太人縱橫世界的奇蹟	孟佑政編著	110元
㉕你是上班族中強者	嚴思圖編著	100元
㉚成功頓悟100則	蕭京凌編譯	130元
㉜知性幽默	李玉瓊編譯	130元
㉝熟記對方絕招	黃靜香編譯	100元

㊲察言觀色的技巧　劉華亭編著　180元
㊳一流領導力　施義彥編譯　120元
㊵30秒鐘推銷術　廖松濤編譯　150元
㊶猶太成功商法　周蓮芬編譯　120元
㊷尖端時代行銷策略　陳蒼杰編著　100元
㊸顧客管理學　廖松濤編著　100元
㊹如何使對方說Yes　程　義編著　150元
㊼上班族口才學　楊鴻儒譯　120元
㊽上班族新鮮人須知　程　義編著　120元
㊾如何左右逢源　程　義編著　130元
㊿語言的心理戰　多湖輝著　130元
55性惡企業管理學　陳蒼杰譯　130元
56自我啟發200招　楊鴻儒編著　150元
57做個傑出女職員　劉名揚編著　130元
58靈活的集團營運術　楊鴻儒編著　120元
60個案研究活用法　楊鴻儒編著　130元
61企業教育訓練遊戲　楊鴻儒編著　120元
62管理者的智慧　程　義編譯　130元
63做個佼佼管理者　馬筱莉編譯　130元
67活用禪學於企業　柯素娥編譯　130元
69幽默詭辯術　廖玉山編譯　150元
70拿破崙智慧箴言　柯素娥編譯　130元
71自我培育・超越　蕭京凌編譯　150元
74時間即一切　沈永嘉編譯　130元
75自我脫胎換骨　柯素娥譯　150元
76贏在起跑點—人才培育鐵則　楊鴻儒編譯　150元
77做一枚活棋　李玉瓊編譯　130元
78面試成功戰略　柯素娥編譯　130元
81瞬間攻破心防法　廖玉山編譯　120元
82改變一生的名言　李玉瓊編譯　130元
83性格性向創前程　楊鴻儒編譯　130元
84訪問行銷新竅門　廖玉山編譯　150元
85無所不達的推銷話術　李玉瓊編譯　150元

・處世智慧・電腦編號 03

①如何改變你自己　陸明編譯　120元
⑥靈感成功術　譚繼山編譯　80元
⑧扭轉一生的五分鐘　黃柏松編譯　100元
⑩現代人的詭計　林振輝譯　100元
⑫如何利用你的時間　蘇遠謀譯　80元

國家圖書館出版品預行編目資料

自我介紹與社交禮儀／柯素娥編著. —2 版.
—台北市：大展，民 87
面；　公分. - -（社會人智囊；35）

ISBN 957-557-785-X(平裝)

1. 修養 2. 社交禮儀

192.3　　　　　　　　　　86015235

自我介紹與社交禮儀

ISBN 957-557-785-X

編著者／柯 素 娥
發行人／蔡 森 明
出版者／大展出版社有限公司
社　址／台北市北投區（石牌）致遠一路二段12巷1號
電　話／(02) 28236031・28236033
傳　眞／(02) 28272069
郵政劃撥／0166955－1
登記證／局版臺業字第2171號
承印者／國順圖書印刷公司
裝　訂／嶸興裝訂有限公司
排版者／千兵企業有限公司
電　話／(02) 28812643
初版 1 刷／1992年（民81年）8月
2 版 1 刷／1998年（民87年）2月
　　 2 刷／1997年（民86年）5月　　　定　價／180元

大展好書 好書大展